Birgit Jennerjahn-Hakenes

Schwarzwald

Radeln für die Seele

15 Wohlfühltouren

Alle Touren auf einen Blick

WEITBLICKE

ENTSCHLEUNIGUNG

ERFRISCHUNG

0,1 l

Liebe Genussradlerinnen, liebe Genussradler,

schon Hermann Hesse bedichtete die Vielfalt des Schwarzwaldes, das abwechslungsreiche Spiel von Farben im Grün der Tannen oder im Rot von Felsen. Nicht nur Berge und Wälder birgt er, auch viele bekannte Gewässer fließen hier. Entspannt radeln wir an der Murg, der Kinzig, der Nagold oder am Rhein entlang – sogar die Schweizer Nachbarn können wir besuchen. Wir **bestaunen** die Donauquelle und ihren Ursprung, streifen den Neckar und spüren in Rottweil, der ältesten Stadt Baden-Württembergs, vergangenen Zeiten nach. Aus dem pittoresken Oberkirch und Bad Säckingen wollen wir gar nicht mehr weg.

Entspannt radelt es sich um den Schluchsee, im Zinsbachtal können wir gut **entschleunigen.** Übersicht bietet der Hohlohturm, gegen den Durst darf es gerne ein Wein aus der Gegend sein, zudem beherbergen die Touren die Brauereien Fürstenberg, Alpirsbach und Rothaus. Schmecken lassen wir es uns in Lokalitäten wie dem Knusperhäuschen in Sasbachwalden, dem Natur-Gasthaus Bettlinsbad oder bei Heidi's Küfer. Fröhlich wechseln wir zwischen Königreich Württemberg und Großherzogtum Baden und finden beides schön. Und wir strengen uns auch mal an, zum Beispiel, wenn wir Schloss Staufenberg oder die Schwanner Warte radelnd erklimmen. All das lohnt sich, probieren Sie es aus!

Aussichtsreiche Touren wünscht Ihnen

Birgit Jennerjahn-Hakenes

Schwanner Warte

Fernsicht

Die Schwanner Warte im Norden

Bei etwas frischen Temperaturen starten wir im Frühling am **Bahnhof Ittersbach,** den wir links liegen lassen, und biegen rechts ein in die Bahnhofstraße. Wir queren die Weilermer Straße und gelangen in die Obere Dorfstraße. Heute werden wir etwas mehr als 500 Höhenmeter bewältigen, sodass wir keine Sorge haben, dass uns warm wird. An der **Großmüllergasse** biegen wir rechts ein. Rechter Hand begegnet uns ein **Regiomat.** Diese Automaten sind sehr beliebt; sie bieten rund um die Uhr und jeden Tag frische regionale Produkte direkt vom Erzeuger. Heute finden wir zum Beispiel Hühnerfrikassee, Gulasch, Leberwurst oder auch Nudeln vor. Was wir jetzt hinaufstrampeln, dürfen wir am Tourende wieder hinunterbrausen. An der Kreuzung mit dem Heerweg gelangen wir geradeaus ins Grüne und sehen ein kleines Schild des Schwarzwaldvereins für Radler, ein schwarzes Rad auf weißem Grund, das uns heute öfter begegnen wird.

Wir fahren Richtung Langensteinbach, unser nächstes Ziel aber lautet Weiler. Rechts und links lacht die butter- und pusteblumengetupfte Grünwiese den etwas ergrauten Himmel aus. Wir kommen an einer Pferdekoppel vorbei und radeln zunächst immer geradeaus, Orientierung bietet uns nun ein **grünes Rad auf weißem Grund.** Noch bevor wir in den Wald hineinfahren, gesellt sich die Schafgarbe zu den Butter- und Pusteblumen. Das Hufgetrampel von Pferden gibt mancher Tage einen gemütlichen Takt vor. An einer T-Kreuzung fahren wir links weiter Richtung **Langensteinbach,** wir se-

Kilometer: 33,5

Höhenmeter: 530

Stunden: 4

RUNDTOUR

Hermannsee

hen auch wieder das Radschild des Schwarzwaldvereins. An der nächsten Kreuzung zeigt unsere Markierung nach rechts Richtung Langensteinbach und führt uns zunächst über Bahnschienen hinweg, dann über die L 622. Ein **Lehrpfad** am Wegesrand klärt uns über die wundervollen Bienen und im Verlauf über Feuchtwiesen, Waldbewohner, die Pflanzenwelt und mehr auf. Ach, die Heuwiesen sind so schön anzusehen! Auf Höhe der ❶ **alten Bahnlinie** kommen uns die vielen gelben Tupfer der Butterblumenblüten wie heruntergefallene Sterne vor.

Wir schwenken nach rechts auf die alte Bahnlinie Richtung Keltern und Stockmädle. Links begegnet uns der kleine, aber feine ❷ **Hermannsee,** der ein kurzes Innehalten durchaus wert ist. Kurz darauf liegt rechter Hand an einer Kreuzung der ehemalige Bahnhof beziehungsweise die ❸ **ehemalige Haltestelle der früheren Schmalspurbahn Ettlingen–Ittersbach.** Heute befindet sich hier ein idyllisch gelegener Grillplatz.

Nachdem wir an der nächsten Kreuzung weiter geradeaus gefahren sind, kommen wir aus dem Wald heraus und radeln den Fahrradweg abwärts. Ein blaues

Die sogenannte meterspurige ***Schmalspurbahn*** *verband in Ittersbach ab 1900 die ein Jahr davor fertiggestellte Albtalbahn nach Karlsruhe mit der Pforzheimer Kleinbahn. Letztere nannte man wegen der idyllischen Strecke auch Panoramabahn.*

rundes Schild für Fußgänger und Radfahrer weist uns den Weg. Bei einem Parkplatz gelangen wir erneut an die L 622, biegen links ab und wenige Meter dahinter gleich wieder links auf die K 54, auf der wir uns abwärtsrollen lassen können, bis wir nach etwa 800 Metern zwischen zwei Leitplanken rechts auf einen Schotterweg einbiegen. Nun geht es steil hinab, fahren können hier nur geübte Radfahrer. Bald darauf queren wir die **Pfinz** und kommen auf einen asphaltierten Weg. Hinter der Brücke biegen wir links ein und radeln entspannt auf der Gasse Im Laile durch den Wald und vorbei an einem Sportplatz bis **Weiler.** Dort begegnen wir wieder dem grünen Rad auf weißem Grund und folgen der Markierung auf den **Neumüller Weg** rechts aufwärts. Kurz dahinter wenden wir uns an der Hauptstraße links, weiter bergauf, und lassen uns vom grünen Rad nach rechts in die Häusersiedlung führen. Der weitere Weg leitet uns über den **Krähen-**

Für die Seele

An der Schwanner Warte genießen wir grandiose Ausblicke. Der Alltag entschwindet in himmlische Weiten.

Haltestelle der früheren Schmalspurbahn

bach, hinter dem wir geradeaus weiterradeln. Erneut können wir Pferde auf der Koppel sehen und blühende Kastanien säumen nun unseren Weg. An der nächsten Weggabelung nehmen wir den linken Zweig, der aber im Grunde geradeaus weiterführt. Danach geht es rechts aufwärts Richtung Niebelsbach in 1,6 Kilometern. Es geht nun ordentlich hoch und eventuell nutzen Schwungholen und glatter Asphalt nichts und man muss schieben. Der Ausblick jedoch, den wir gleich haben werden, belohnt jede Mühe. Wir genießen einen Blick auf das Pfinztal. An dieser Stelle haben wir etwas mehr als ein Viertel der Tour geschafft.

Als Nächstes erreichen wir **Niebelsbach.** Wenn wir in den Ort kommen, orientieren wir uns auf der Ahornstraße abwärts. Bald sehen wir auch wieder das grüne Rad und werden zur **Schwabenstraße** geleitet, die wir queren, und nehmen den gegenüberliegenden Radweg

nach links. Am Kreisverkehr fahren wir geradeaus Richtung „Elmendingen 1,2 Kilometer". Am gelben Schild „Gemeinde Keltern", vor dem Gebäude **Keltern-wein** – hier kann man Wein aus der Gegend kaufen, muss dann aber die schweren Flaschen auf dem Drahtesel transportieren – biegen wir rechts ab und gelangen an den wunderschönen ❹ **Landgasthof Grenzsägmühle.** Da unser Plan heute vorsieht, am Tourende zu speisen, fahren wir weiter, merken uns aber diese Örtlichkeit. Wer dennoch hier eine Vesperpause einlegt, sollte beachten, dass es im Anschluss zunächst ein paar Meter steil bergauf geht. Da zählt nicht nur das Gewicht der vielleicht erworbenen Weinflaschen, sondern auch das eigene nach gutem Mahl.

Hinter der Gaststätte queren wir den **Arnbach** und zweigen dahinter links auf den Niebelsbacher Weg ab, der aus dem Dorf hinausführt, zwischen Hainen, Fel-

Blick ins Pfinztal

dern und Wiesen hindurch. Jetzt gesellen sich auf den Wiesen zu den Butterblumen auch Gänseblümchen. Wir erreichen **Dietlingen.** Wenn es links zur Sport- und Mehrzweckhalle geht, biegen wir rechts ein auf den breiten, asphaltierten Weg zwischen den Häuserreihen hindurch. Wir überqueren die kommende Straße nach rechts aufwärts, dem **weißen Rad auf blauem Grund** folgend, in die Eisenbahnstraße. Dann fahren wir dem Schild „Sportanlagen Altenloh" nach, entdecken wieder das grüne Rad auf weißem Grund und radeln die Sommerbergstraße hinauf. Nachdem wir eine Weile immer stetig bergauf fahren mussten, passieren wir links die zuvor ausgeschilderten Sportanlagen. Ein gutes Stück weiter werden wir an einem Wanderparkplatz auf den Baum des Jahres 1993 – den Speierling – hingewiesen. Wir fahren geradeaus, immer angenehm abwärts. Sobald wir Obernhausen erreichen, folgen wir dem Radschild nach rechts in Richtung **Neuenbürg** mit 4,4 Kilometern auf die Erlachstraße. Wir lassen uns

Grenzsägmühle

vom grünen Rad auf weißem Grund und der Ausschilderung Neuenbürg mal rechts, mal links durch Gräfenhausen leiten und passieren dabei einen Spielplatz und den Rathausplatz. Durch Wohngebiete gelangen wir schließlich an die Arnbacher Straße, auf die wir zunächst rechts einbiegen und wenig später bei der Neuapostolischen Kirche erst links in die Endelbachstraße radeln und sofort wieder rechts an der Kirche vorbei Richtung Neuenbürg Sportplatz.

Nun heißt es: ein langes Stück aufwärts bewältigen, was doch mit E-Bike einfacher ist. Zum Glück fahren wir in einem Waldstück, sodass es wenigstens schattig und erfrischend ist. An der Landstraße L 565 kommen wir aus dem Wald heraus und können in einen Fahrradweg nach rechts abbiegen, weiter Richtung Neuenbürg. Und wir lesen eine neue Angabe: die **Schwanner Warte** mit 3,2 Kilometern, unser nächstes, ersehntes Ziel. Wir durchqueren Neuenbürg und fahren **Schwann** an, wo wir dem Schild zur Schwanner Warte nach links aufwärts folgen. Noch 1,2 Kilometer: Wir freuen uns schon sehr auf diesen wunderschönen Aussichtspunkt. Noch bevor wir ihn erreichen, haben wir einen wun-

Von der ***Schwanner Warte*** *aus blickt man ins Rheintal, zu den Pfälzer Bergen, sieht den Odenwald und teilweise die Vogesen. Ein geschultes Auge entdeckt bei guter Sicht den Speyerer Dom. 42 Stufen bringen uns auf die 8,5 Meter hohe Aussichtsplattform.*

derbaren Ausblick in die Ferne. Mit etwas Glück kreisen grade Segelflieger, die nicht weit von hier starten. Dann sind wir an der 5 **Schwanner Warte,** dem in seiner Bauart ersten Aussichtspunkt im Nordschwarzwald. Im Grunde sehen wir den dritten Turm, der 1953 gebaut wurde. Ein erster Turm wurde aber schon 1885 errichtet und 1926 durch einen zweiten ersetzt. Viele Wanderer führt der berühmte **Westweg,** der Pforzheim und Basel verbindet und Europas ältester Fernwanderweg ist, hier vorbei, wo jährlich eine Sonnwendfeier stattfindet.

Nachdem wir die grandiose Aussicht genossen haben, queren wir die L 339 und fahren weiter Richtung Freudenstadt/Dobel auf dem Radweg. Zwei Drittel der Strecke haben wir geschafft, satt gesehen haben wir uns, satte Mägen haben wir möglicherweise nicht mehr. Zum Glück steht links neben der 1871 gepflanzten Friedenslinde, die nach Ende des deutsch-französischen Krieges ein Zeichen für dauerhaften Frieden setzen sollte, zuerst 6 **Bratwurst Glöckle** bereit, dann

Rund um die Warte

folgen das 7 **Ristorante Bambi Pizzeria** und der 8 **Zauberberg** – da sollte für jeden Geschmack etwas dabei sein. Vor dem Adlerhof, der grade nicht mehr bewirtet wird, biegen wir rechts ab und folgen dem Radweg am **Segelflugplatz** vorbei. Als Nächstes orientieren wir uns nach **Conweiler** mit 1,9 Kilometern. Mit ein bisschen Glück sieht man die Segelflieger starten. Wir haben heute Glück. Was ein Erlebnis! Ein großer Aufwand für ein paar Minuten in der Luft, so scheint es.

Auf der Weiterfahrt bleiben wir auf dem oberen Weg, nun mit schönem Blick auf Conweiler Richtung Herrenalb und **Langenalb.** Nachdem wir Conweiler immer zwischen Wald und Feld umradelt haben und uns manchmal fast bergab rollen lassen konnten, stoßen wir schließlich auf die Conweiler Sportanlagen. An der T-Kreuzung dahinter leitet uns das grüne Rad nach links Richtung Kreisverkehr. Dort orientieren wir uns nach Ettlingen und Langenalb und erreichen zügig Langenalb auf der Gartenstraße. An der Kreuzung mit der Karlsbader Straße biegen wir rechts ab und folgen dem Fahrradschild rechts Richtung Pfaffenrot 3,6 Kilometer. Vor einem Trafohäuschen biegen wir links ab auf die K 4549 und nutzen den Fahrradweg links parallel zur Straße. Unterwegs lohnt es sich, auf der Anhöhe noch einmal anzuhalten. Vor unserem Auge liegt das schöne Tal, auch die Segelflieger von vorhin können wir erblicken. Am nächsten Kreisverkehr fahren wir nach rechts und erreichen **Pfaffenrot.** Für Autofahrer zeigt ein Schild noch 2 Kilometer bis Ittersbach an, unserem Ausgangspunkt. Wir radeln auf der Dorfstraße bis zur L 622 und biegen links auf sie ein. An der nächsten Gabelung verlassen wir die Landesstraße und fahren links aufwärts. Ab einem blauen Schild für Fußgänger und Radfahrer wechseln wir nach links auf den Radweg und strampeln weiter aufwärts, bis wir ein Parkplatzschild sehen und links einbiegen. So gelangen wir zur **9 Waldgaststätte im Schützenhaus Karlsbad.** Es liegen nur noch 2 Kilometer vor uns, der ideale Ort also für unser Abschlussessen. Erst saisongerecht eine Spargelsuppe, dann lassen wir uns Champignonköpfe in Gemüse-Sahne-Soße mit Spinatknödeln und Saisonsalate beziehungsweise Schweinelendchen mit frischen

Segelflugplatz

Rahmchampignons, Spätzle und buntem Salatteller schmecken. Dazu ein guter Wein, fein! Um fahrtüchtig zu bleiben, natürlich nur ein kleines Glas. Der Genuss liegt oft ohnehin im Kleinen.

Gesättigt und glücklich verlassen wir die Lokalität wie gekommen. Dann biegen wir links ein, überqueren mit dem Fahrradweg die Straße. An der Kreuzung in Sichtweite fahren wir in die Einbahnstraße, was für Radfahrer ausdrücklich erlaubt ist. Noch einmal können wir rechts in der Ferne das Gebiet um die Schwanner Warte erkennen. Erneut erfreuen auch hüfthohe Butterblumenwiesen das Auge. Bald gelangen wir an die Kreuzung **Großmüllergasse.** Hier sind wir vor einigen Stunden von rechts gekommen und nach links zur Tour gestartet. Nun zweigen wir rechts ab in die Großmüllergasse und fahren die letzten Meter über die Obere Dorfstraße und Bahnhofstraße abwärts, so wie wir vor einigen Stunden gekommen sind.

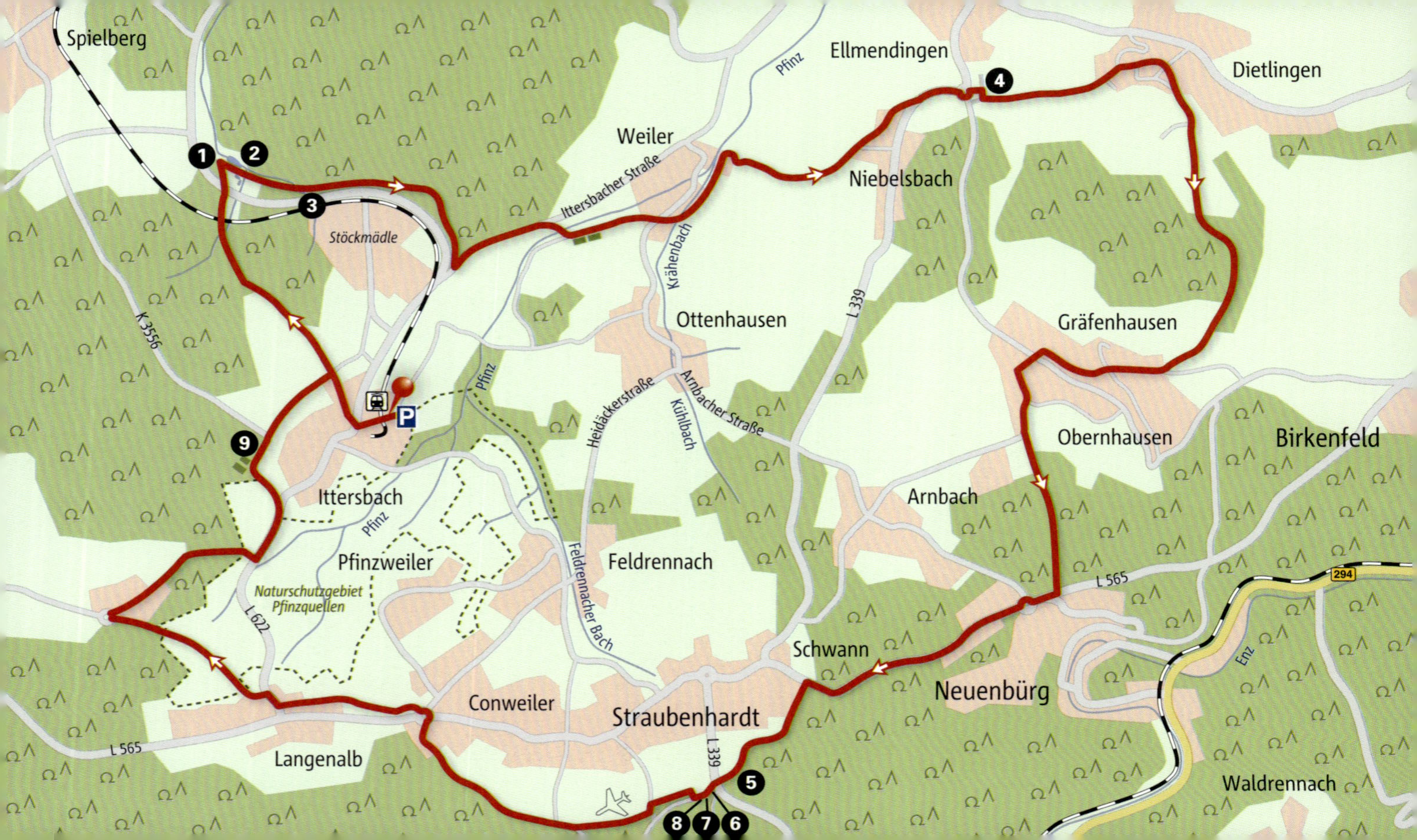

Spielberg
Ellmendingen
Dietlingen
Weiler
Niebelsbach
Ittersbacher Straße
Stöckmädle
Krähenbach
Pfinz
Ottenhausen
Gräfenhausen
K 3556
L 339
Heidäckerstraße
Arnbacher Straße
Kühlbach
Obernhausen
Birkenfeld
Arnbach
Ittersbach
Pfinzweiler
Feldrennach
Feldrennacher Bach
Naturschutzgebiet Pfinzquellen
L 622
L 565
294
Schwann
Neuenbürg
Enz
Conweiler
Straubenhardt
Langenalb
Waldrennach
1
2
3
4
5
6
7
8
9

ALLES AUF EINEN BLICK

Entspannung 3/5

Abenteuer 4/5

Vielfalt 3/5

WIE & WANN

Asphaltierte Radwege, Schotterwege und Autostraßen; Frühling bis Herbst, besonders schön im Frühling und Frühsommer zur Blüte der Wiesenblumen und zur Spargelzeit. Für Geübte oder E-Bike-Fahrende.

HIN & WEG

Auto: Parkplatz beim Bahnhof Ittersbach, Bahnhofstraße, 76307 Karlsbad
ÖPNV: Bahnhof Ittersbach

ESSEN & ENTSPANNEN

4 **Landgasthof Grenzsägmühle,** Grenzsägmühle 2, 75210 Keltern-Ellmendingen, Tel. (0 70 82) 71 01, www.grenzsaegmuehle.com

6 **Bratwurst Glöckle,** direkt an der Friedenslinde von 1871, Mönchstraße 3, 75334 Straubenhardt

7 **Ristorante Bambi Pizzeria,** Mönchstraße 3, 75334 Straubenhardt, Tel. (01 74) 9 82 30 69, https://ristorante-da-bambi.eatbu.com

8 **Zauberberg,** Mönchstraße 5, 75334 Straubenhardt, Tel. (0 70 82) 66 77

9 **Restaurant Waldgaststätte im Schützenhaus Karlsbad e. V.,** Am Sportplatz 2, 76307 Karlsbad-Ittersbach, Tel. (0 72 48) 45 01 56, www.waldgaststätte-schützenhaus.de/intro.html

ENTDECKEN & ERLEBEN

1 **Alte Bahnlinie**

2 **Hermannsee**

3 **Ehemalige Haltestelle der früheren Schmalspurbahn Ettlingen–Ittersbach**

5 **Schwanner Warte**

Auszeit im Wein

Auf dem Tuniberg-Höhenweg

Anfang Juni starten wir vom **Bahnhof Ihringen** aus auf der Bahnhofstraße nordwärts Richtung Freiburg, das mit 23 Kilometern ausgeschildert ist, die Bahnschienen zu unserer Rechten. Schnell stoßen wir auf die Radtourschilder mit dem **grünen Rad auf weißem Grund,** denen wir zunächst folgen. Selbst bei diesigem Wetter sehen wir rechts in der Ferne die Schwarzwälder Berge. Links glänzen Kirschbäume in der Sonne – landen die Früchte später in der Schwarzwälder Kirschtorte?

Bald weist uns ein Schild auf **Wasenweiler** in 1,2 Kilometern hin. Wir radeln beschwingt durch Felder, stoßen dann linker Hand auf die kleine **1 St.-Anna-Kapelle,** die 1772 erstmals auf einer Landkarte erwähnt wurde. Kurz dahinter erreichen wir Wasenweiler. Das grüne Rad weist uns verlässlich im Zickzack durch den Ort, bis wir nach links Richtung Bötzingen geleitet werden. Wieder geht es durch Felder, vorbei an einzelnen Gehöften und am **Weingut Briem.** Dahinter queren wir die K 4995 auf einem gut asphaltierten Weg, auf dem viele Radfahrer unterwegs sind. Rechts von uns fließt der **Neugraben,** zunächst ein Stück entfernt, nach einem Schlenker rollen wir direkt an ihm entlang, bis wir ihn nach rechts überqueren. Nach Bötzingen sind es noch 1,6 Kilometer. Wir befinden uns jetzt auf der **Tuniberg-Tour.** Den Neugraben nun zu unserer Linken kommen wir nach Bötzingen, durch das wir verlässlich hindurchgeleitet werden. Wir überqueren die breite Gottenheimer Straße und folgen dahinter nach rechts dem Wiesenweg in Richtung Freiburg.

Kilometer: 36

Höhenmeter: 170

Stunden: 2,5

RUNDTOUR

St.-Anna-Kapelle

Hinter dem **Alten Mühlbach,** der auf manchen Karten auch Alte Dreisam heißt, zweigen wir rechts ab, weiter Richtung Freiburg. Bald queren wir den Alten Mühlbach erneut, ebenso einen Kreisverkehr sowie die Bahnlinie und biegen dahinter links ab nach Gottenheim. Im Frühling erfreuen Mohnblumen immer wieder unser Auge. Vor Gottenheim geht es links dem Radweg nach unter der Landstraße hindurch, hinein nach **Gottenheim.** Hinter dem Bahnübergang fahren wir links in die Bahnhofstraße. In Gottenheim folgen wir an der T-Kreuzung hinter dem Bahnhof der Beschilderung „Merdingen 6,5 Kilometer". Ein Stückchen weiter entdecken wir links ein Schild zum **Tuniberg-Höhenweg** und radeln geradewegs in die Tunibergstraße. An einer

Gabelung folgen wir rechts dem Tuniberg-Höhenweg, auf dem es erst etwas flacher wird, dann wieder ordentlich bergan geht. An einer T-Kreuzung stoßen wir auf eine Karte des Tunibergs, die wir kurz studieren. Insgesamt verbindet die Tuniberg-Tour die Weinberge von Kaiserstuhl und Tuniberg. Wir fahren rechts und folgen dem gut ausgeschilderten Tuniberg-Höhenweg. Nun kommen wir in den Wein. Schön!

Die Bezeichnung **Höhenweg** klingt schlimmer, als es ist. Es sind zwar Steigungen zu bewältigen, hier zum Beispiel etwa 2 bis 5 Prozent, später wird es auch mal mehr, aber immer nur für wenige Meter. Wir arbeiten uns also hoch und auch in den Weinbergen wird gearbeitet. Jetzt kommen wir an einigen hoch gelegenen Punkten vorbei, an denen man unbedingt innehalten und zurückschauen sollte. Die Aussichten – und hier sei ausdrücklich die Mehrzahl genannt – sind grandios. Unwillkürlich denken wir den Begriff „Badische Toskana", der sonst dem Kraichgau vorbehalten ist. Bei den Rebenanlagen von Landmann kann man links einbiegen, etwa 50 Meter weiter steht eine **2 Bank**

Für die Seele

Wir genießen die Aussicht in den Weinbergen, pausieren am berühmten Attilafelsen und kehren gemütlich ein.

WEITBLICKE 2

mit Aussicht. Von hier genießen wir einen wunderbaren Weitblick: die Weinberge liegen uns zu Füßen und die Berge des Schwarzwaldes ragen empor, als wollten sie sich einem persönlich vorstellen. So verführerisch der Ausblick ist: Weiter geht's!

Zu den vielen Schildern des Tuniberg-Höhenwegs gesellen sich an einer Kreuzung Schilder, die **Niederrimsingen** ausweisen, das wir nach 6,3 Kilometern ansteuern werden. Verfahren können wir uns nicht. Am ❸ **Tuniberg-Kreuz** halten wir und belesen uns. Interessant! Das Kreuz ist ein 1992 errichtetes Protestsymbol. Erfolgreich wurde die Errichtung einer Müllkippe im Tuniberg abgewendet. Kurz dahinter stoßen wir auf eine ❹ **Sonnenuhr,** die uns daran erinnert, wie früher Zeit gemessen wurde und wie sehr sich das Zeitgefühl verändert hat. Wo wohl der Schatten des Zeigers war, als wir losgefahren sind? Und wo wird er am Ende unserer Tour stehen? Noch 5 Kilometer bis Niederrimsingen. Nun geht es zunächst steil bergab. In der Senke überqueren wir die **K 4979** und strampeln gegenüber umso steiler wieder bergauf, aber nur ein kurzes Stück. Wie oft haben wir in dieser Landschaft gedacht, dass es hinterm Horizont weitergeht – tatsächlich erreichen uns diese Klänge oben auf dem Höhenweg des Tunibergs. Ist Udo Lindenberg in der Nähe? Sehen tun wir ihn nicht. Und vielleicht ist die Melodie auch nur in unserem Kopf. Eine weitere, kleine Steigung müssen wir noch bewältigen, dann folgt nach einer Linkskurve eine weitere, schöne Aussichtsbank. Wir befinden uns etwa auf 260 Metern Höhe und denken, dass es auch auf 2600 Metern kaum

Tuniberg-Kreuz

Sonnenuhr

*Der überregional bekannte **Attilafelsen** ist eine Lösswand. Einem Aprilscherz des Niederrimsinger Bürgermeisters von 1955 verdankt er seine Bekanntheit. Darin hieß es, das Grab des Hunnenkönigs Attila sei hier gefunden worden.*

schöner sein könnte. An einem Hubschrauberlandeplatz biegen wir, der Beschilderung folgend, nach links ab und erreichen einen guten Kilometer weiter den **5 Attilafelsen,** einen beliebten Rastplatz, und setzen uns einen Moment in den Schatten.

Hinter dem Rastplatz fahren wir an der Weggabelung rechts. Bald geht es steil bergab und dann durch eine scharfe Linkskurve. So aufgeräumt, wie der Wein hier steht, so aufgeräumt fühlen auch wir uns inzwischen. Noch einmal müssen wir nach rechts aufwärts Richtung Freiburg. An einer Abzweigung, die links einen Hohlweg hinabführt, haben wir den höchsten Punkt der Tour mit etwa 300 Metern erreicht. Noch höher auf 314 Meter geht es auf dem ausgeschilderten Fußweg zum 200 Meter entfernt liegenden „Auf dem Berg". Abwechselnd runter und wieder rauf radeln wir in der Folge, bis wir linker Hand das **6 Denkmal Knorriger Weinstock** erreichen. Darauf steht zu lesen: „Der mit den Rebflurbereinigungen entstandene Tuniberg-Höhenweg verbindet die anliegenden Gemeinden zu einer Winzergemeinschaft."

Denkmal Knorriger Weinstock

Steil abwärts rollen wir in **Munzingen** ein und biegen unten im Dorf an der Kreuzung mit der St.-Erentrudis-Straße nach rechts in diese ein. Am Kreisverkehr geht es geradeaus entlang der K 9864 weiter Richtung **Oberrimsingen.** Im Verlauf wechseln wir auf die andere Straßenseite. Wir passieren einen Golfplatz und werden ein Stück dahinter von einem Radschild nach rechts Richtung **Niederrimsingen** in 2 Kilometern geleitet. Dazu wechseln wir auf die andere Straßenseite und fahren in die Berge hinein – so zumindest fühlt es sich an. Rechter Hand ist ein beeindruckender Felsvorsprung zu sehen. Bald erreichen wir Niederrimsingen, wo wir auf Höhe des Rathauses unseren Startpunkt Ihringen aus-

Südhof

Bei Heidi's Küfer

geschildert finden. Aus dem Ort heraus überqueren wir die Merdinger Straße nach links auf den Radweg Richtung **Ihringen.**

Wir fahren nun auf Merdingen zu und folgen dem Radschild bei einem Kalkwerk erst rechts und vor der Ortseinfahrt nach links. An der nächsten T-Kreuzung sind es nach links nur noch 3 Kilometer bis nach Ihringen. Durch Felder hindurch und mal an einer Allee, dann an einem Campingplatz vorbei werden wir nach **Ihringen** geführt. Rechts lockt zum Abschluss der **7 Südhof,** wo es Deftiges gibt. Dazu biegt man rechts in die **Waidstraße** ein und dann nochmals rechts in den Waidweg. An der nächsten Straße rechts liegt der Hof, aber wir sind an einem Samstag unterwegs: leider ein Ruhetag. Deshalb

fahren wir geradeaus weiter vor bis zur Gündlinger Straße, der L 134. Hier endet der Radweg, wir überqueren die Straße und halten uns rechts Richtung Ortsmitte: nur noch 0,6 Kilometer. Am Bahnübergang sehen wir rechts unseren Ausgangspunkt, fahren aber weiter in den Ort hinein, weil wir bei **8 Heidi's Küfer** einkehren werden, das rechts an der Straße in einem gemütlichen Hof liegt. Hier empfiehlt sich eine Vorabreservierung. Für uns bilden Riesling aus der Gegend, Ziegenpeter-Flammkuchen und zum Nachtisch eine Crème brûlée den krönenden Abschluss einer gelungenen, aussichtsreichen Tour.

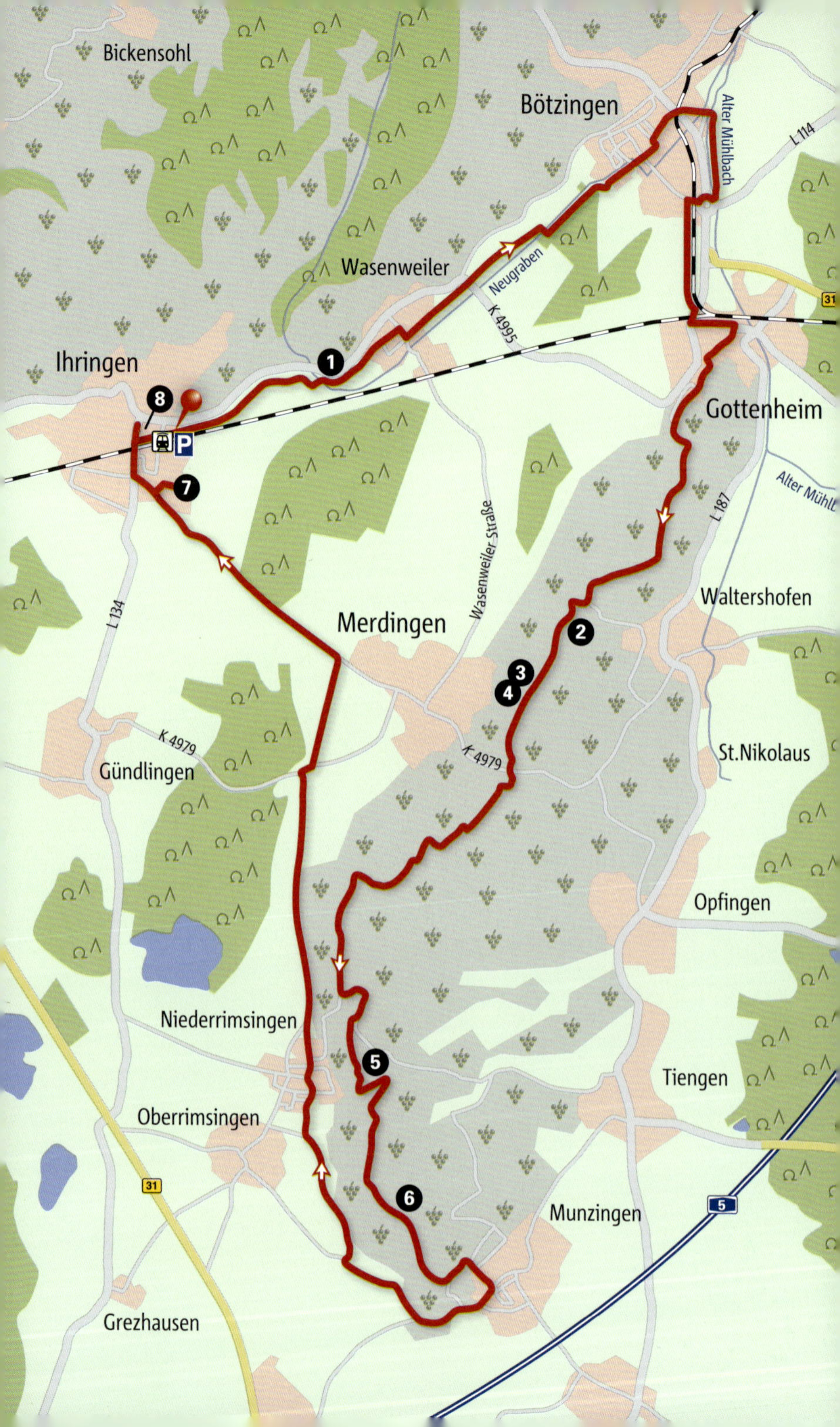

Bickensohl
Bötzingen
Alter Mühlbach
L 114
Wasenweiler
Neugraben
K 4995
31
Ihringen
Gottenheim
Alter Mühlbach
L 187
Waltershofen
Merdingen
Wasenweiler Straße
L 134
K 4979
Gündlingen
K 4979
St. Nikolaus
Opfingen
Niederrimsingen
Tiengen
Oberrimsingen
31
Munzingen
5
Grezhausen
1
2
3
4
5
6
7
8
P

ALLES AUF EINEN BLICK

Entspannung 4/5

Abenteuer 3/5

Vielfalt 3/5

WIE & WANN

Vorwiegend asphaltierte Radwege, zum Teil Autostraßen; Frühling bis Herbst, besonders schön zu der Zeit, wenn sich das Laub bunt färbt.

HIN & WEG

Auto: Parkplatz am Bahnhof Ihringen, Bahnhofstraße, 79241 Ihringen

ÖPNV: Bahnhof Ihringen

ESSEN & ENTSPANNEN

7 **Südhof,** Waidweg 2, 79241 Ihringen, Tel. (0 76 68) 75 67

8 **Heidi's Küfer,** Eisenbahnstraße 9, 79241 Ihringen, Tel. (0 76 68) 9 96 81 40, www.heidis-kuefer.de

ENTDECKEN & ERLEBEN

1 **St.-Anna-Kapelle**

2 **Bank mit Aussicht**

3 **Tuniberg-Kreuz**

4 **Sonnenuhr**

5 **Attilafelsen**

6 **Denkmal Knorriger Weinstock**

Im Tannenwald

Von Bad Wildbad zum Hohlohturm

Wir starten vom **Bahnhofsplatz Bad Wildbad** aus Richtung Stadtmitte und radeln gleich über die König-Karl-Straße ein Stück an der Enz entlang. Hier reiht sich ein Café an das andere. Verlockend, sich einfach zu setzen, aber wir wollen heute hoch hinaus. Auf geht's! Gegenüber der Uhlandbrücke finden wir die ❶ **Sommerbergbahn,** die uns mit den Rädern auf den gleichnamigen Berg bringt; so gewinnen wir knapp 300 zusätzliche Höhenmeter ohne jede Anstrengung.

Aus der Bahn kommend folgen wir dem **Peter-Liebig-Weg** aufwärts Richtung Eingang Sommerberg. Wir orientieren uns am grünen Rad auf weißem Grund, ausgeschildert ist auch der Westweg, der uns unter dem Schild „Mountainbike-Arena" hindurchführt. Rechts von uns befindet sich der ❷ **Baumwipfelpfad.** Es lohnt sich, genug Zeit mitzubringen: 20 Meter über dem Waldboden kann man Buchen, Tannen und Fichten besuchen und an vielen Lern- und Erlebnisstationen einiges über die Natur erfahren. Das Vergnügen endet im 40 Meter hohen Aussichtsturm, von dem der Blick bis zur Schwäbischen Alb, dem Kraichgau oder auch dem Stuttgarter Fernsehturm reicht.

Ob mit oder ohne Baumwipfelpfad, für uns geht es nun steil über Schotter links aufwärts. An einer T-Kreuzung biegen wir rechts ab und sehen vor uns Besucher hoch oben auf dem Baumwipfelpfad laufen. An der Verzweigung halten wir uns links und fahren unter dem Baumwipfelpfad hindurch. Links von uns liegt der **Märchenweg.** Ebenso links ragt

*Am 23. Mai 1908 wurde die **Sommerbergbahn** das erste Mal in Betrieb genommen. 2011 erfolgte ein kompletter Neubau der Standseilbahn, die die schnellste und umweltschonendste Verbindung zwischen Bad Wildbad im Enztal und dem Sommerberg ist.*

Kilometer: 40

Höhenmeter: 400

Stunden: 3,5

RUNDTOUR

Sommerbergbahn

sehr beeindruckend der Aussichtsturm auf, den man aber nur über den Baumwipfelpfad betreten kann. Für uns ist rechts die **Grünhütte** ausgeschildert, unser erstes Ziel für heute. Es geht nun beständig aufwärts. Alle Höhenmeter hat uns die Seilbahn nicht abgenommen; gute 150 Höhenmeter liegen noch vor uns. Wir passieren einen Grillplatz, hölzerne Büchereulen und eine Reihe von Stationen, die den Schwarzwald und seine Bewohner erklären. Dann fahren wir vorbei an der rechts von uns liegenden **Saustallhütte** und an der wunderschön gelegenen Liegewiese **Fünf Bäume** zu unserer Linken. An der dortigen Kreuzung bleiben wir ungeachtet des Radschildes geradeaus, um eine Abkürzung zu nehmen, die uns durch ein schönes Waldstück führt. Hier kann man sich mit allen Sinnen auf den Wald einlassen. Wir fühlen uns an die aus Japan kommende Praxis Shinrin Yoku, das Waldbaden, erinnert, nur dass es für uns eher Waldradeln wäre, welches wir indes als ebenso wohltuend

Baumwipfelpfad

empfinden. Dann folgen wir wieder dem grünen Rad auf weißem Grund und stoßen nach einiger Zeit auf eine T-Kreuzung, an der wir links abbiegen. An der nächsten T-Kreuzung erreichen wir die ③ **Grünhütte.** Obwohl wir noch nicht allzu viele Kilometer hinter uns gebracht haben, ist eine Pause hier obligat. Nehmen wir die Grünhütte einfach als zweiten Startpunkt. Legendär sind die Blaubeerpfannkuchen. Wer sie nicht kennt, sollte sie probieren.

Für die Seele

Ob schaukelnd am Dobler-Blick oder stehend auf dem Hohlohturm – die Schwarzwaldromantik fängt uns ein.

Gleich hinter der Grünhütte, die wir links unterhalb liegen lassen, kommen wir an eine Weggabelung mit einem Schildermeer und orientieren uns Richtung Kaltenbronn. Bald passieren wir die ④ **Weißensteinhütte,** die 883 Meter über Normalnull liegt; eine urige, einfache Wanderhütte, die aber immerhin mit der Anmutung

Grünhütte

Dobler-Blick

einer Säulenbalustrade beeindruckt. Wir biegen rechts ab und stoßen nach einem Kilometer auf den rechter Hand liegenden **5 Dobler-Blick.** Er befindet sich an der Stelle, an der rechts ein dicker Felsen liegt. Wer zu schnell unterwegs ist, kann diesen wunderschönen Aussichtspunkt leicht übersehen. Wir machen hier eine Pause und schwingen auf der Jägerschaukel mit Blick ins Rheintal. Links in der Ferne sieht man die Windräder der Schwanner Warte. Der weitere Weg ist nun eine Weile sehr entspannend und geht meistens bergab, ehe wir wieder auf Schilder stoßen und rechts Richtung Kaltenbronn weiterfahren. Zügig gelangen wir an eine große Kreuzung, an der rechts die **6 Kreuzlehütte** liegt; ein Idyll, das an Heidis Heimat erinnert. Hier bietet sich uns die Gelegenheit, mal durchs hohe Gras zu laufen und uns wadenkitzeln zu lassen.

Kreuzlehütte

Dann radeln wir links Richtung Kaltenbronn, begleitet von Schmetterlingen, die um uns herumtanzen. Wir haben nun den Anstieg zum höchsten Punkt unserer Tour vor uns. Wir kreuzen eine Autostraße – die L 76 b – und fahren nicht mehr Richtung Kaltenbronn, sondern Richtung Seewald Besenfeld. Rechts weist uns ein Schild darauf hin, dass wir hier in Schwarzmiss sind, 933 Meter über Normalnull. Den 7 **Hohlohturm,** unser nächstes Ziel, können wir schon von Weitem sehen. Ein Wanderweg führt geradewegs zum Turm, wir aber biegen davor rechts ab und fahren weiter auf dem asphaltierten Weg mit einem kleinen Bogen zum Turm. Nachdem wir uns bergauf gekämpft haben, biegen wir links ein zum Turm. Die letzten 200 Meter geht es weitere Meter aufwärts, aber die schaffen wir auch noch. Der Hohlohturm lacht uns schon an!

Hohlohturm

Einigen von uns wird der Turm bekannt vorkommen: Oft berichten Meteorologen von hier aus vom Wetter. Wir fahren die 200 Meter zurück und biegen dann links ab. Wie wir die Ruhe im Tannenwald genießen! Fast schon entschuldigen wir uns bei den Waldbewohnern für die Geräusche, die unsere Reifen machen, wenn sie über den Schotter rollen. Die nächsten 5,5 Kilometer fahren wir an allen Kreuzungen geradeaus und stoßen bei der **Hirschbrunnenhütte** dann auf einen geteerten Weg, auf den wir nach rechts abwärts einbiegen. Rechter Hand an einer **roten Bank** steht in Stein gemeißelt ein Hinweis auf die Stürme Wiebke und Lothar, die zu den heftigsten Stürmen in der jüngeren Vergangenheit zählen. Linker Hand ergießt sich die grandiose Landschaft des Rombachtals in unseren Sehsinn, riesige Kastanienbäume erfreuen das Auge ebenso wie kleine Schmetterlinge, die vor uns im Gras von Blüte zu Blüte flattern. Bachplätschern, Frühlingswindrauschen, Vogeltschilpen – herrlich! Margeriten am Wegesrand: so schön! Wir genießen nun eine rasante Abfahrt, rechter Hand begleitet uns mit sanftem Plätschern der **Rombach,** bis wir in einen Vorort von Enzklösterle einrollen. Hier entdecken wir wieder das **grüne Rad auf weißem Grund**

*Der **Hohlohturm,** ehemals Kaiser-Wilhelm-Turm genannt, wurde 1897 erbaut und 1968 von 22,2 auf 28,6 Meter erhöht. Man blickt hier oben von 1012 Meter über Normalnull bis in die Schwäbische Alb, die Nordvogesen und die Gipfel der Schweizer Alpen.*

Enzklösterle ist als Heidelbeerdorf bekannt. 2018 wurde das **Heidelbeer-Haus** eröffnet, eine innovative Kombination von Laden & Lounge. Es gibt regionale wie internationale Spezialitäten, zum Beispiel Gsälz, Senf, Brotaufstrich, Essig, Secco und Likör.

und folgen ihm. Über einen Schotterweg links abwärts gelangen wir nach **Enzklösterle,** wo uns der **Enztal-Radweg** bald zur Hauptstraße führt. Dort biegen wir nach links ab Richtung **Bad Wildbad** und kommen auf unserem Weg links am 8 **Heidelbeer-Haus** vorbei, wo wir eine verdiente Kaffeepause einlegen.

Nach der wohltuenden Pause fahren wir die Wildbader Straße weiter. Am Schild „Sporthalle“ ignorieren wir das grüne Rad und biegen rechts ein, fahren über die Brücke und dahinter links aufwärts. So können wir nämlich an der Enz entlangradeln und ersparen uns die Straße. Zwar muss man nach der Brücke aufwärtsschieben, aber es ist nur ein kleines Stück. Links unten liegt bald der Ort **Nonnenmiß.** Der Weg bietet wunderschöne Aussichten und verläuft ab und an im wohltuenden Schatten. Wir bleiben weiter auf diesem Weg. Als nach einer Rechtskurve noch 6,3 Kilometer nach Bad Wildbad angezeigt werden, geht es erneut ein kurzes Stück recht steil bergauf. Unterwegs sind uns schon zuvor im saftigen Frühlingsgrün die gelben Sterne aufgefallen, die auch hier scheinbar vom Himmel gefallen sind, um das Grün zu besonnen. Wie mögen diese Blumen wohl wirklich heißen? Das ist uns für den Moment egal! Wir genießen einfach ihre Schönheit.

Blick vom Hohlohturm

Foxy Bräu

Der Weg zurück nach Bad Wildbad ist bestens ausgeschildert. Wir richten uns die ganze Zeit nach dem grünen Rad auf weißem Grund und lassen uns über den wunderschönen 9 **Kurpark Bad Wildbad** leiten. Am Kreisverkehr machen wir einen Abstecher zum 10 **Foxy Bräu.** Wir haben die Tour fast geschafft, nun wollen wir essen gehen. Das selbst gebraute Bier verspricht Erfrischung. Eines können wir wohl wagen.

Kaffee-Manufaktur Bad Wildbad

Danach fahren wir vom Kreisverkehr weg die **Kernerstraße** abwärts und passieren den Katharinenbrunnen und das imposante Badhotel. Auf Höhe der Uhlandstraße sehen wir links die **Sommerbergbahn,** mit der wir vor einigen Stunden hochgefahren sind. Wir radeln weiter geradeaus durch die Fußgängerzone, die für Fahrradfahrer freigegeben ist. Am Ende der Fußgängerzone fahren wir links über die Enz und dann rechts. Bis zum Bahnhof sind es jetzt nur noch 300 Meter. Dem Bahnhof gegenüber liegt die 11 **Kaffee-Manufaktur Bad Wildbad,** die einen Besuch wert ist. Hier werden Kaffeesorten angeboten, deren Bouquets von Limette, Orange und Pfirsich über Karamell bis hin zu Tabak reichen! Wir kaufen etwas für zu Hause ein; praktisch sind die 250-Gramm-Packungen, um auch mal etwas Ausgefallenes zu probieren. Wir freuen uns drauf!

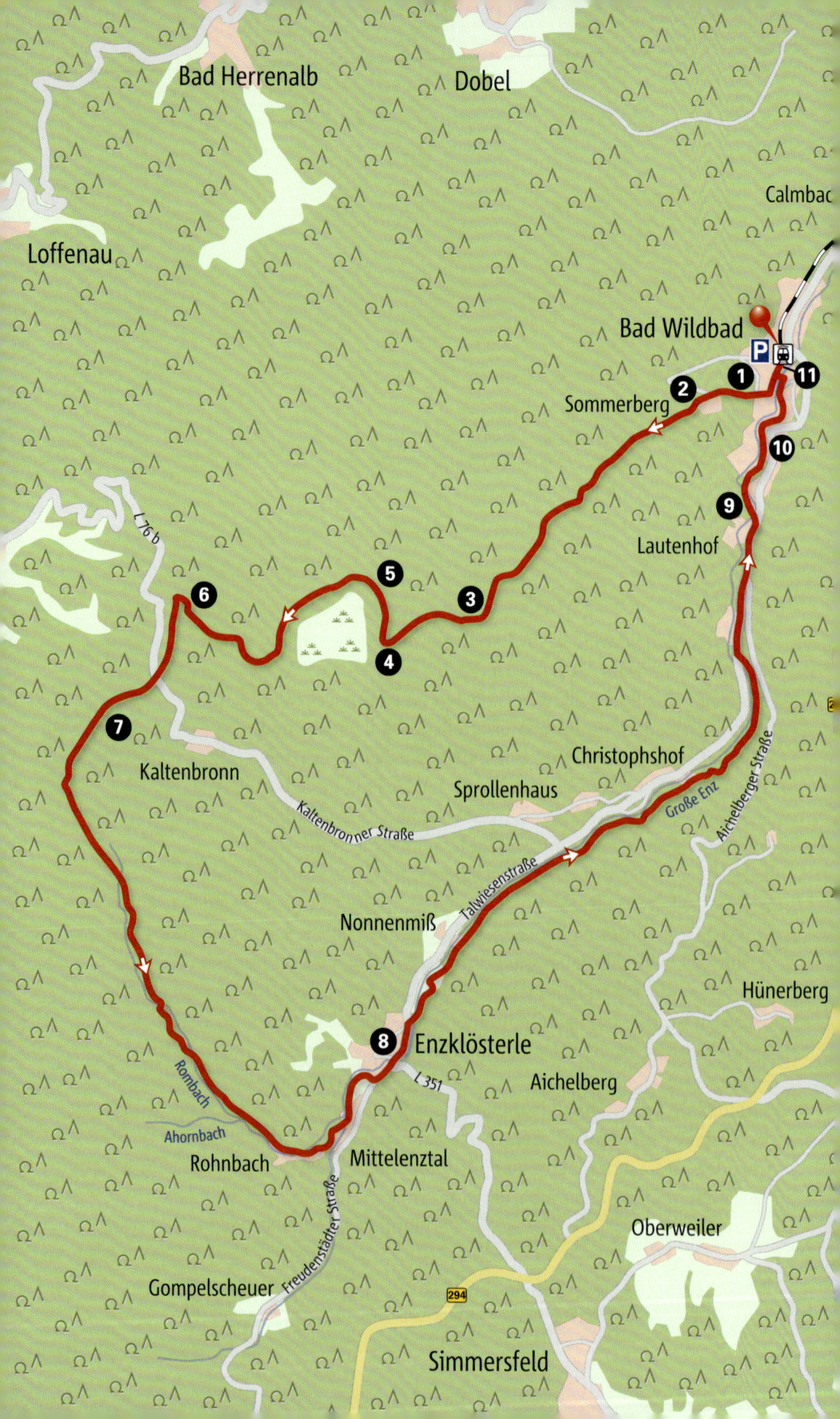

Bad Herrenalb
Dobel
Calmbac
Loffenau
Bad Wildbad
P
1
11
2
Sommerberg
10
9
Lautenhof
L 76 b
6
5
3
4
7
Kaltenbronn
Christophshof
Sprollenhaus
Kaltenbronner Straße
Große Enz
Aichelberger Straße
Talwiesenstraße
Nonnenmiß
Hünerberg
8
Enzklösterle
L 351
Aichelberg
Rombach
Ahornbach
Rohnbach
Mittelenztal
Freudenstädter Straße
Oberweiler
Gompelscheuer
294
Simmersfeld

ALLES AUF EINEN BLICK

Entspannung

Abenteuer

Vielfalt

WIE & WANN

Asphaltierte Radwege, Schotterwege, wenig Autostraße; Frühling bis Herbst, sehr schön im Sommer, wenn in Enzklösterle das Heidelbeerfest stattfindet.

HIN & WEG

Auto: P1 Parkhaus Stadtmitte, Ladestraße 1, 75323 Bad Wildbad
ÖPNV: Bahnhof Bad Wildbad

ESSEN & ENTSPANNEN

3 **Grünhütte,** Gernsbacher Steige 15, 75337 Enzklösterle, Tel. (0 70 81) 86 27, www.gruenhuette.de

8 **Heidelbeer-Haus,** Wildbader Straße 1, 75337 Enzklösterle, Tel. (0 70 85) 9 24 40 19, www.heidelbeer-haus.de

10 **Foxy Bräu,** Kernerstraße 62, 75323 Bad Wildbad, Tel. (0 70 81) 9 55 06 20, www.foxybraeu.de

11 **Kaffee-Manufaktur Bad Wildbad,** König-Karl-Straße 102, 75323 Bad Wildbad, Tel. (0 70 81) 9 57 99 81, www.kaffeemanufaktur-bw.de

ENTDECKEN & ERLEBEN

1 **Sommerbergbahn,** Uhlandplatz 7, 75323 Bad Wildbad, www.bad-wildbad.de/de/sommerbergbahn

2 **Baumwipfelpfad**

4 **Weißensteinhütte**

5 **Dobler-Blick**

6 **Kreuzlehütte**

7 **Hohlohturm**

9 **Kurpark Bad Wildbad**

Äpfel und Wein

Offenburg bis Durbach

Wer mit dem Auto gekommen ist, parkt bei der DJK Sportgemeinschaft Offenburg und folgt auf der anderen Straßenseite der Radwegausschilderung Richtung **Ortenberg.** Gleich gabelt sich der Weg, das Radschild weist nach links oben auf die Autobrücke, wir fahren aber rechts unten weiter. An der nächsten T-Kreuzung radeln wir links unter die Brücke und gleich wieder rechts. Wir kommen an die Haltestelle der **Ortenau S-Bahn** Offenburg Kreisschulzentrum und folgen dem Weg links abwärts, um die Bahnlinie zu unterqueren. Wer mit der Bahn anreist, startet hier.

Hinter der Unterführung folgen wir dem **grünen Rad auf weißem Grund.** Wir fahren nordwärts entlang der Bahnschienen und biegen hinter einer Tennisanlage rechts in den **Philosophenweg** ein, der Ausschilderung Fessenbach nach. An der Kreuzung fahren wir in die gegenüberliegende Einbahnstraße, die **Werderstraße.** 200 Meter weiter biegen wir links in die Moltkestraße ein und fahren entspannt auf dem Radweg Richtung Ortenauklinikum, bis wir an einen Kreisverkehr kommen, wo wir uns rechts Richtung Durbach halten. Am Anfang von **Rammersweier** folgen wir der Ausschilderung Richtung **Ebersweier** nach links, wo uns das grüne Rad auf weißem Grund zuerst nach rechts in die Eisenbahnstraße, danach links in den Ebersweierweg Richtung Ebersweier leitet. Wir lassen die Bebauung hinter uns und radeln mitten in die Natur. Grün, so weit das Auge reicht – und das kurz nach dem kalendarischen Herbstanfang! Knorrige Bäume strahlen Standhaftigkeit aus.

Kilometer: 38

Höhenmeter: 400

Stunden: 3,5

RUNDTOUR

Waaghäuschen

Maisfelder und Obstbäume, Spaziergänger und Radfahrer – ach, ist das schön hier!

Wir passieren eine Apfelplantage, die uns an die Gegend um Südtirol denken lässt. Es geht jetzt auch mal etwas rauf, aber gleich wieder runter. Links haben wir einen weiten Blick auf die Vogesen. So unsere Tour genießend, kommen wir an die K 5324 und folgen dem Radschild geradeaus entlang der Straße, hinein in das Kirschendorf im Dürrbachtal: **Ebersweier.** Im Ort folgen wir dem Schild nach Durbach und treffen rechter Hand auf ein ❶ **Waaghäuschen,** das als Brückenwaage 1903 eingerichtet worden war. 1962 wurde die Waage neu errichtet und 2013 von der Wandergruppe Willi Brüderle restauriert. Die Brückenwaage ist die einzige noch existierende öffentliche Gemeindewaage im Raum Offenburg. Außerdem erfahren wir Interessantes über den **Apfelmost.**

Schon die Kelten und Germanen stellten ***Apfelwein*** *her, die Römer brachten weitere Obstsorten ins Land. Mit der Klimaveränderung Mitte des 19. Jahrhunderts und der Ausbreitung der Reblaus begann die Erfolgsgeschichte des Mostes als Weinersatz.*

Nun radeln wir weiter die Straße **Am Durbach** und – natürlich – am gleichnamigen, pittoresken Gewässer entlang. An der Nesselrieder Straße biegen wir links ein Richtung **Nußbach** und Zusenhofen. Im Schatten geht es zunächst auf der Autostraße bergauf, wir können aber gleich rechts auf den Gehweg ausweichen. Empfangen werden wir nach der Steigung von einer fantastischen Aussicht, bei der wir natürlich erst mal anhalten und den Blick von hier in die Ferne auf die Hügel und Gipfel genießen. Danach dürfen wir zunächst abwärts düsen, bevor es rauf und runter und manchmal durch den Wein geht. Wir erreichen **Nesselried** und rollen mit Schwung hindurch. Am Vorfahrt-beachten-Schild biegen wir, dem Radschild folgend, rechts ab in die Dorfstraße und passieren die beeindruckende **Wallfahrtskirche Mariä Himmelfahrt.** Der Sage nach kam Nesselried durch einen Ritter von Ried zu seinem Namen. Er soll in den Nesseln eine Madonna gefunden haben.

Für die Seele

Im Frühherbst freuen wir uns über rot glänzende Äpfel und genießen den Blick beim Schloss Staufenberg.

Wir folgen an der Kirche dem Straßenverlauf in die Nußbacher Straße und stoßen rechts auf die nette Lokalität **2 Landglück,** die hinter einer Tennishalle versteckt liegt und die wir selbstverständlich für einen Kaffee aufsuchen. Hier könnte man nämlich auch länger verweilen! Auf der Weiterfahrt bewältigen wir zunächst einen kleinen Anstieg, ehe wir **Nußbach** erreichen und den Ort, unserer Beschilderung folgend, durchqueren. Am Vorfahrtsschild bei der Renchtalstraße werden wir in einem Rechts-links-Schlenker Richtung **Zusenhofen** in die Zusenhofener Straße geleitet. Wir haben nun etwa ein Drittel der Tour hinter uns. Von der Autostraße aus haben wir rechts einen Blick auf den Funkturm, der auf dem majestätischen Bergrücken der Hornisgrinde emporragt. Bald erreichen wir Zusenhofen, queren eine Bahnlinie und biegen im Ort hinter dem Gasthaus Linde rechts ab in die Steinstraße nach Oberkirch. Nach einer Weile begegnen uns linker Hand erneut Apfelplantagen. Auch in

Landglück

diesem Gebiet folgen wir dem **grünen Rad auf weißem Grund** und fahren bald eine Linkskurve. So viele Äpfel – ob für Wilhelm Tell einer dabei gewesen wäre?

So erreichen wir **Müllen** und werden linker Hand mit einem Übungsplatz für Pferde begrüßt, an dem wir rechts abbiegen. Nun gelangen wir an einen gut zu fahrenden Schotterweg. Links fließt der **Mühlbach.** Bei der Müllener Wehranlage werden wir mit einem Schlenker auf den Renchdamm geführt und nun für ein Stück vom Fluss **Rench** begleitet. An der Weggabelung vor einer Autostraße nehmen wir den linken Zweig und radeln unter der Brücke hindurch. Wieder auf dem Damm angekommen, verheißt uns ein Schild noch 1,7 Kilometer bis **Oberkirch.** Nachdem wir rechter Hand einen typischen Gymnasiumbau und eine Kletterwand passiert haben, biegen wir an der nächsten Brücke links ab und fahren auf der Renchallee über die Schienen einer Bahnstrecke hinweg in die Ortsmitte von Oberkirch. Wir kommen durch die

Oberkirch

schmucke Fußgängerzone, wo wir uns beim **3 Eiscafé Crema Gelato** ein Eis auf die Hand genehmigen. Eis essend schieben wir unsere Räder durch die Fußgängerzone. Hier kann man scheinbar auch gut essen, verlockend sieht es auf den Tellern der Gäste vom **4 Gasthof zur Sonne** aus – zumal auch die Hälfte der Tour bewältigt ist. Am Alten Rathaus stoßen wir auf das **5 Grimmelshausendenkmal.**

Zwischen dem Gasthof zur Sonne und dem Alten Rathaus biegen wir rechts ein und genießen, wie die Fachwerkhäuser in der Frühherbstsonne schön leuchten! Dazu passt die Blumenpracht, die die Bachanlage um den Mühlenbach ziert. Großes Lob an die Oberkircher und ihre Altvorderen, die einst den **Wiederaufbau von Oberkirch** nach einem Brand bewerkstelligten. Wir können einen Besuch nur empfehlen! Auf der Weiterfahrt gelangen wir an den **Bahnhof Oberkirch** und biegen davor links ab. An der nächsten T-Kreuzung schwenken wir rechts ab und überqueren die Bahnschienen.

*Ab 1649 lebte Hans Jakob Christoffel von **Grimmelshausen** (1621/22–1676) in der Gegend um Oberkirch, wo er große Teile des Schelmenromans „Der Abenteuerliche Simplicissimus Teutsch“ schrieb. Das Denkmal erschuf Bildhauer Gerd Dörflinger.*

Grimmelshausendenkmal

In der Zeit der Herrschaft von Wilhelm Egon von Fürstenberg (1683–1704) begann der ***Wiederaufbau von Oberkirch*** *nach dem Stadtbrand von 1689. Fachwerkhäuser prägen die Bachanlage rund um den Mühlenbach. Einst gab es hier Mühlen und Gerbereien.*

Wir sind in der Oberdorfstraße und fahren einmal nicht dem Radschild nach, sondern über die Rench, direkt hinter der Brücke halbrechts in die **Butschbacher Straße** und von dort in die Bellensteinstraße. So fahren wir auf das Hotel-Restaurant Renchtalblick zu.

Es geht nunmehr bergauf – strampelnd, schiebend oder entspannt mit E-Bike, je nachdem. Oben angekommen, halten wir uns rechts und fahren an der Leitplanke wieder bergab. So steil wie es aufwärts ging, geht es jetzt wieder abwärts. Am Vorfahrt-beachten-Schild biegen wir links ein, wieder in die **Butschbacher Straße.** Dann folgen wir der Vorfahrtstraße beziehungsweise dem grünen Rad auf weißem Grund. Noch 3 Kilometer bis nach Bottenau. Wieder kommen wir an ein Vorfahrt-beachten-Schild, überqueren hier die K 5369 und radeln nun nach links auf einen Radweg. Rechts plätschert ein Gewässer, als wäre es wie wir in Sonntagslaune. Rechts von uns liegt **Bottenau.** Die K 5369 heißt hier **Weintalstraße,** sehr passend für die Gegend. Wir folgen ihr weiter rechts auf dem Radweg, der nun etwas abseits der Straße verläuft. Wie so oft auf dieser Tour be-

Brandstetter Kapelle

Blick auf Schloss Staufenberg

gegnen uns „unbewachte“ Stände, an denen man Obst in Hülle und Fülle kaufen kann, vorausgesetzt, man hat das passende Kleingeld fürs bereitstehende Kästchen. Links erhalten wir Informationen über den **Bottenauer Weidenbach,** der uns begleitet.

Für uns geht es nun erst stetig, dann etwas steiler bergan. Links am Hang sehen wir die 6 **Waldhisli Oberkirch-Bottenau.** Ob wir in diesem Baumhaushotel, wo sich angeblich Fuchs und Hase Gute Nacht sagen, auch einmal übernachten werden? Jedenfalls schön, das auf unserer Tour entdeckt zu haben! Und nun wird es richtig steil, nur mit E-Bike ist das zu bewältigen, es sei denn, man schiebt auch mal gerne. Einige – sogar Rennradbestückte – tun das! Man winkt sich zu. An der Kuppe, wo auch die 7 **Brandstetter Kapelle** steht, halten wir inne, atmen durch und blicken uns erst mal um, dann fahren wir rechts der Beschilderung zum **Schloss Staufenberg** nach. Dorthin gelangen wir mehr oder weniger auf Wanderwegen, auch hier gilt: entweder ab und an schieben oder den Nutzen des E-Bikes

Weinstube Schloss Staufenberg

begrüßen. In jedem Fall begrüßen wir die fulminante Aussicht auf das Schloss und ahnen, dass sich die Anstrengung lohnen wird. Das Herzoggeschlecht der Zähringer errichtete die Burg im 11. Jahrhundert. „Stauf" bezeichnet im Althochdeutschen einen kegelförmigen Berg. In der **8 Weinstube Schloss Staufenberg** kann man bei grandiosem Ausblick zum Beispiel einen Wein aus dem Hause Markgraf von Baden genießen. Es lohnt außerdem, sich umzusehen, so gibt es zum Beispiel den **9 Hofladen 1895.**

Dann verabschieden wir uns. Vom Schloss kommend halten wir uns links und schieben die Räder über den Parkplatz. Jetzt geht es am Schild „Land- und Forstwirtschaftlicher Verkehr frei" vorbei abwärts. Nach einer steilen und rasanten Abfahrt kommen wir an die Durchgangsstraße **Grol** in **Durbach** und fahren

Blick vom Schloss

rechts Richtung Zebrastreifen dem Radschild nach. Wenig später biegen wir, dem Radschild nach links folgend, ein in die Straße Auf der Alm. Wir verlassen das schmucke Durbach und biegen am Ende der Almstraße links ab nach Offenburg, unserem Ausgangspunkt, der nur noch 5 Kilometer entfernt liegt. Nun erreichen wir wieder **Rammersweier** und fahren auf der Durbacher Straße auf der linken Seite auf dem Radweg weiter. An einem Kreisverkehr radeln wir geradeaus Richtung Zentrum. Wir erreichen **Offenburg** und passieren den nächsten, uns schon bekannten Kreisverkehr dem Radschild nach in Richtung Ortenauklinikum, das nun 0,9 Kilometer entfernt liegt. Wir fahren bis zur **Werderstraße** und biegen dort rechts ein. Radfahrer dürfen hier die Einbahnstraße in die entgegengesetzte Richtung nutzen. Am Ende der Werderstraße fahren wir geradeaus in den **Philosophenweg,** wir waren hier schon zu Beginn der Tour. Anschließend biegen wir vor der Brücke links ein und radeln die letzten Meter wie gekommen.

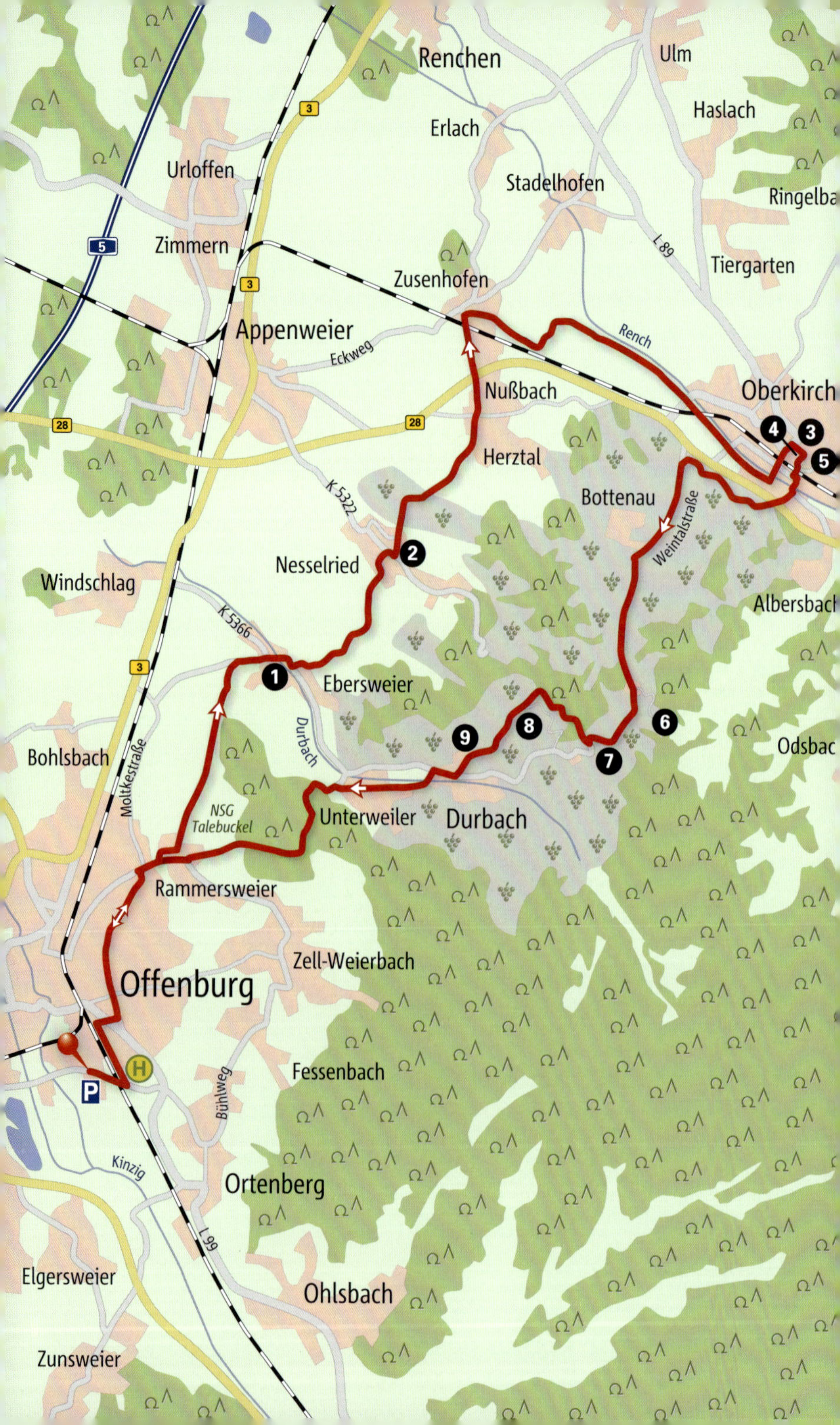

Renchen
Ulm
Haslach
Erlach
Urloffen
Stadelhofen
Ringelba
Zimmern
L 89
Tiergarten
Zusenhofen
Appenweier
Eckweg
Rench
Nußbach
Oberkirch
Herztal
Bottenau
K 5322
Weintalstraße
Nesselried
Albersbach
Windschlag
K 5366
Ebersweier
Durbach
Odsbac
Bohlsbach
Moltkestraße
NSG Talebuckel
Unterweiler
Durbach
Rammersweier
Zell-Weierbach
Offenburg
Fessenbach
Bühlweg
Kinzig
Ortenberg
L 99
Elgersweier
Ohlsbach
Zunsweier

ALLES AUF EINEN BLICK

Entspannung ●●○○○
Abenteuer ●●●●●
Vielfalt ●●●●○

WIE & WANN

Asphaltierte Radwege, Schotterwege, sandige Waldwanderwege sowie längere Passagen auf Autostraßen; Frühling bis Herbst. Für Geübte oder E-Bike-Fahrende.

HIN & WEG

Auto: Parkplatz in der Zähringerstraße, 77652 Offenburg
ÖPNV: Haltestelle Kreisschulzentrum

ESSEN & ENTSPANNEN

2 **Landglück,** Nußbacher Straße 8 a, 77767 Appenweier-Nesselried, Tel. (0 78 05) 9 16 49 55, www.landglueck.com
3 **Eiscafé Crema Gelato,** Hauptstraße 59, 77704 Oberkirch, Tel. (0 78 02) 9 13 26
4 **Gasthof zur Sonne,** Hauptstraße 34, 77704 Oberkirch, Tel. (0 78 02) 30 40, www.sonne-oberkirch.de
8 **Weinstube Schloss Staufenberg,** 77770 Durbach, Tel. (07 81) 92 46 58 38, www.schloss-staufenberg.de
9 **Hofladen 1895,** Schloss Staufenberg, 77770 Durbach, Tel. (07 81) 94 84 67 31, www.hofladen1895.de

ENTDECKEN & ERLEBEN

1 **Waaghäuschen**
5 **Grimmelshausendenkmal**
6 **Waldhisli,** Weintalstraße 28, 77704 Oberkirch-Bottenau, Tel. (0 78 02) 70 65 29, www.waldhisli.de
7 **Brandstetter Kapelle**

Mit Weinprobe

Durch Achern und Sasbachwalden

Vor dem **Bahnhofsgebäude in Achern** orientieren wir uns an den Radschildern und starten zunächst Richtung Stadtmitte. Gleich an der ersten Ampel können wir, wenn sie rot ist, die Zeit nutzen und auf zwei Schildern die Stadtgeschichte von Achern nachlesen. Um 1019 wurde eine Nikolauskapelle als Andachtsstätte erstmals genannt, seit Januar 1974 nennt sich Achern Große Kreisstadt. Was dazwischen passierte? Mehrere Rotphasen abwarten und lesen!

Am Bahnhof Achern

An der großen Kreuzung fahren wir geradeaus Richtung Krankenhaus in die **Eisenbahnstraße** und folgen ihrem Verlauf bis zur Josef-Wurzler-Straße, in die wir rechts einbiegen, weiterhin Richtung Krankenhaus. Wir bewältigen die erste Steigung und kommen auf Höhe der Beschilderung **Höhenweg** an einem riesigen Ginkgo vorbei, der uns schwer beeindruckt. Auf dem Höhenweg radeln wir ins Grüne. Im Oktober ist unser Weg teilweise mit glänzenden Kastanien gepflastert. Wir rollen abwärts und wenn die L 87 frei ist, nehmen wir den Schwung mit, um auf der anderen Seite den Hügel mit Leichtigkeit zu schaffen. Dahinter geht es auch gleich wieder abwärts mit schönem Blick auf **Fautenbach,** in das wir auf dem Acherner Weg hineinfahren. An der Kreuzung mit der Talstraße biegen wir links ein und rollen durch das sehr ruhige und idyllische Dorf, während rechts von uns der Fautenbach plätschert. Au-

Kilometer: **36,1**

Höhenmeter: **265**

Stunden: **3**

RUNDTOUR

ßerdem bemerken wir, dass es nicht nur Freilandeier gibt, sondern sogar Freilandapfelsaft, was auch immer das ist. Wir folgen dem **grünen Rad auf weißem Grund,** das uns zum **Bildstöckel** bringt, unter dem eine Bank unter einem Baum bereitsteht. Karl Nesselhuf erbaute ihn 1953 zu Ehren der Muttergottes, weil er nach dem Krieg in seine Heimat zurückkehren konnte.

Beim Abwärtsrollen aus dem Dorf hinaus lachen uns rote Äpfel an. An einer T-Kreuzung biegen wir rechts ein Richtung **Önsbach,** das wir nur am Rande schneiden werden. Die Apfelbäume haben es schon angedeutet: Wir radeln hier durch eine Obstanbaugegend. Am schönen Lindenplatz folgen wir weiter dem grünen Rad auf weißem Grund und biegen dann links ein in die **Schwarzwaldstraße** Richtung Ulm. Im Oktobersonnenschein spielen mitunter herbstbraune Katzen mit Kastanien, ein schönes Bild; das finden sicher auch die Mäuse, die auf diese Weise davonkommen. Links sehen wir bald den Höhenrücken der Hornisgrinde, der uns im Verlauf eine Weile begleitet. Nach einiger Zeit kommen wir an eine Kreuzung mitten im Grünen und fahren, der Beschilderung folgend, rechts. Wir strampeln den Berg hoch und bevor wir wieder abwärtsfahren, halten wir an einer Kreuzung, schauen zurück auf die Hornisgrinde und lassen unseren Blick über die schöne Gegend streifen. Im Tal erreichen wir **Renchen,** eine Grimmelshausenstadt im Ortenaukreis, und biegen an der Hauptstraße links in diese ein, dem grünen Rad nach. Wir passieren die Heilig-Kreuz-Kirche und schwenken hinter der Gaststätte Zum Bären an einem Brunnen links aufwärts auf das Rathaus zu. Der **1 Grimmelshausenbrunnen** wurde dem Dichter und Schultheiß zu Ehren 1977 errichtet.

Weiter geht es in die **Weidenstraße,** eine ehemalige Römerstraße, bis wir rechter Hand ein paar Tennisplät-

*Die **Hornisgrinde** ist mit 1164,4 Metern der höchste Berg des Nordschwarzwaldes. Der etwa 2 Kilometer lange Westweg führt über den Bergrücken. Der Name leitet sich eventuell von „horn", „mis" und „grinte" ab: Bergrücken, der auf der Höhe ein Moor trägt.*

ze passiert haben. Dort folgen wir dem Schild „Fachklinik" nach links und gelangen bald auf einen Schottersandweg, der uns aufwärtsführt. Oben weist das Radschild über die L 89 nach Renchen und Ulm. Am Wegekreuz merken wir, dass die **Hornisgrinde** uns näher gekommen ist. Oder wir ihr?

Für die Seele

Glänzende Kastanien erfreuen das Auge, eine Weinprobe den Gaumen und Fachwerkidyllen den Blick.

Am gelben Ortsschild **Renchen** biegen wir links ein und dann gleich wieder rechts in die Scheffelstraße, der Beschilderung Renchen und Ulm nach, die ein kurzes Stück weiter erneut nach rechts führt, vorbei an einem Spielplatz und abwärts mit herrlichem Landschaftsblick. Nun erreichen wir **Ulm –** ganz recht: ein anderes Ulm. An einem **Regiomat** kaufen wir Marmelade ein, Kirsche und Pflaume wählen wir. Es ist immer gut, auf diesen Touren Kleingeld dabeizuhaben. Das nächste Schild weist uns auf Kappelrodeck hin; wir befinden uns auf der Ullenburg Straße und kommen an der **2 Familienbrauerei Bauhöfer** vorbei. „Schwarzwälder Biermacher

Stück 0,50€

seit 1852" lesen wir auf einem mit Bierfässern beladenen Wagen nebenan. Ebenfalls linker Hand liegt Bauhöfers Braustübel. Sieht zwar verlockend aus, aber wir möchten später speisen.

Ein kurzes Stück dahinter biegen wir links in die Oberkircher Straße ein und an der nächsten Ampel wieder rechts in die **Armenhöfestraße.** Wir sind nun auf unserem Weg ins 7,4 Kilometer entfernte Kappelrodeck und radeln auf dem **Badischen Weinweg.** Dass Herbst ist, merken wir an den vielen Kürbissen, die wohl drapiert als Schmuckstücke vor Hauseingängen liegen. Links entdecken wir die ❸ **Besenwirtschaft Weingut Meier;** bis September hatte sie geöffnet – ein guter Grund, mal früher im Jahr hier entlangzufahren. Am Beginn der **Ortschaft Kaier** biegen wir spitzwinkelig in die gleichnamige Straße nach links ein und wenige Meter dahinter genauso spitz nach rechts in die Kolbenhalde, der wir an der nächsten Gabelung nach links abwärts folgen. Wir sind umgeben von Äpfeln und Wein. „Jetzt sind wir dran!", scheinen im Herbstsonnenschein leuchtende Äpfel den verblühten Sonnenblumen zuzurufen. 1 Kilometer weiter erreichen wir **Mösbach** und folgen dem grünen Rad auf weißem Grund durch den Ort. Rechter Hand stoßen wir auf den Landgasthof Grüner Baum; sieht auch sehr einladend aus, aber wir wollen, wie gesagt, erst am Tourende etwas essen. Kurz dahinter biegen wir rechts in die Waldulmer Straße ein, die uns schnell aus Mösbach herausbringt. Nach Kappelrodeck sind es nur noch 4,3 Kilometer. Wir ignorieren eine Ausschilderung des grünen Rades nach links, bleiben auf der **K 5311** und folgen der Beschilderung für die Autos – Waldulm 2 Kilometer – bis dorthin. Das Panorama zu unserer Linken ist traumhaft. Von Weitem sehen wir das **Schloss Rodeck** am Hang.

Auf der mittelalterlichen Höhenburg ***Schloss Rodeck,*** *die am Ausgang des Achertals in die Rheinebene liegt, residierte einst das angesehene Adelsgeschlecht die „Adeligen von Röder". Seit 1999 befindet es sich in Privatbesitz.*

Gut die Hälfte der Tour ist geschafft, schön, dass nun gleich Möglichkeiten zur Einkehr vor uns liegen. Wer eine Kaffeepause einlegen will, kommt in Waldulm auf seine Kosten: Die ❹ **Bäckerei Huber** liegt an der Weinstraße, auf der wir durch den Ort fahren, und lockt mit einer schönen Terrasse. Dahinter biegen wir nach links ein Richtung Kappelrodeck Marktplatz in die Straße Am Bach, die bald darauf Brandrain heißt. Die Waldulmer bezeichnen sich als Rotweinspezialisten. Wie zur Bestätigung kommen wir am ❺ **Winzerkeller Hex vom Dasenstein** vorbei. Vorbei? Natürlich halten wir und schauen rein: Verkostungen sind immer möglich, Wein und andere Kleinigkeiten kaufen auch. Ein Hoch auf großzügige Radtaschen!

Winzerkeller Hex vom Dasenstein

Auf der Weiterfahrt kommen wir in Kappelrodeck an die Hauptstraße und unternehmen einen Abstecher nach rechts zum ❻ **Kappelrodecker Marktplatz.** Hier legen wir eine Kaffeepause ein und genießen einen Kaffee oder ein Eis aus dem ❼ **Eis-Café Dolce Vita.** Aber auch die anderen Lokalitäten wie Linde und Alde Brennküch sehen sehr einladend aus. Nach der Kaffeepause fahren wir das Stück zum Marktplatz wieder zurück bis zur **Richard-Lenk-Straße,** in die wir rechts einbiegen und dem Straßenverlauf über die Bahnschienen und unter der Straßenbrücke hinweg nach links folgen, nun dem Radschild Sasbachwalden nach. Wir überqueren die Acher und fahren aber nicht dem Radschild folgend geradeaus, sondern biegen links ab. Die Straße Bernhardshöf bringt uns bis zur L 86 a. Wir müssen ein Stück nach rechts etwa 100 Meter an der Autostraße entlangfahren und schwenken dann links auf einen zunächst parallel zur Straße verlaufenden Schotterweg ein. Fröhlich radelnd haben wir die Weinberge erst neben, dann vor uns – wie schön! An einer T-Kreuzung fahren wir rechts aufwärts auf die

Kappelrodecker Marktplatz

L 86 a zu und sodann gleich wieder links. Am Baum hängt ein Schild mit dem Hinweis „Baumallee entlang der Acher". Wenn wir uns umschauen, benennen wir die Baumallee allerdings im Kopf schnell um in Weinallee! Wir bleiben auf dem etwas holprigen Schotterweg durch die Weinberge. An einer gelben Raute für Wanderer geht es für uns an einer Gabelung ebenso links abwärts wie für die Wanderer. Schwer hängen rechts die blauen Weintrauben herab. Dann fließt links von uns wieder die Acher. Dazu rechts das Panorama der Weinberge – einfach herrlich anzuschauen!

Auf der Oberen Bergstraße radeln wir nach **Oberachern** ein, biegen an einer T-Kreuzung links in Zur Friedrichshöhe ab und die nächste wieder rechts in die **Antoniusstraße,** wo wir vom grünen Rad bergauf geleitet werden. Linker Hand liegt passend die Antoniuskapelle. An der Kuppe geht die Antoniusstraße über in die Straße **Am Waldsee,** auf der wir Oberachern verlassen und wie so oft heute ins hügelige Grün radeln. Wir

folgen dem grünen Rad bis zur L 86, wo wir rechts abbiegen. Dann sehen wir wieder das grüne Rad, diesmal sogar mit Untertitel Sasbachwalden: da wollen wir hin! Der Radweg entlang der L 86 führt uns empor in das **Blumen- und Weindorf Sasbachwalden.** Durch den bildhübschen Ort verläuft auch die Deutsche Fachwerkstraße. Links und rechts begrüßt uns die **8 Winzergenossenschaft Alde Gott.** Genuss im Schwarzwald! Wir fahren in den Kurort hinein, um uns umzuschauen. Dann entscheiden wir uns, linker Hand im **9 Restaurant-Café Knusperhäuschen** einzukehren. Je nachdem, wo man im Knusperhäuschen auf der Terrasse sitzt, kann man mit Glück am Hügel Gleitschirmflieger beobachten. Nach der Pause fahren wir zurück wie gekommen. Auf dem Rückweg halten wir bei der Winzergenossenschaft Alde Gott, vielleicht passt noch eine Weinflasche in den Radlerrucksack? Im Shop gibt es Wein, Sekt und Edelbrände.

Es ist schön, nach dem Essen aufgrund des Gefälles entspannt aus Sasbachwalden herausrollen zu können.

Der Legende nach suchte ein junger Mann nach dem Dreißigjährigen Krieg in der verheerten Gegend nach weiteren Überlebenden. Als er eine junge Frau traf, rief er: „Der ***Alde Gott*** *lebt noch!" Er heiratete die Frau. Später pflanzten sie Reben.*

Erst jetzt wird uns bewusst, dass es vorhin stetig bergauf ging. Nachdem wir das letzte Haus des Ortes hinter uns gelassen haben, biegen wir rechts ein am Schild „Landwirtschaftlicher Verkehr frei/Zufahrt für Hausnummer 33 frei". Wir radeln wieder ins Grüne und genießen zwischen den Bäumen hindurch den Blick nach rechts in die Natur. An einer Weggabelung mit Bank geht es für uns rechts abwärts. An der nächsten T-Kreuzung fahren wir links Richtung Sasbach, biegen aber schon wenige Meter weiter dem grünen Rad nach in die Straße **Wannenwinkel** ein und folgen dem Straßenverlauf

über den Sasbach hinweg. Wir kommen an die Erlenbadstraße, wo das Fahrradschild nach links nach Achern – unserem Ausgangspunkt – zeigt. Zunächst erreichen wir aber **Sasbach.** Wir folgen dem grünen Rad bald rechts in die **Oberdorfstraße** und biegen an ihrem Ende links in die Hauptstraße ab. Durch den nächsten Kreisverkehr fahren wir nahezu geradeaus. Am Ortsschild Achern biegen wir rechts ein in die **Danziger Straße.** Es folgt eine Links-rechts-Kombination. Dahinter biegen wir links ein in die Berliner Straße, der wir bis zur Jahnstraße folgen, und schwenken an der Jahnhalle rechts ein. Das grüne Rad leitet uns nach links und wir sehen zum Ende einer ereignisreichen Tour den **Bahnhof Achern** wieder vor uns.

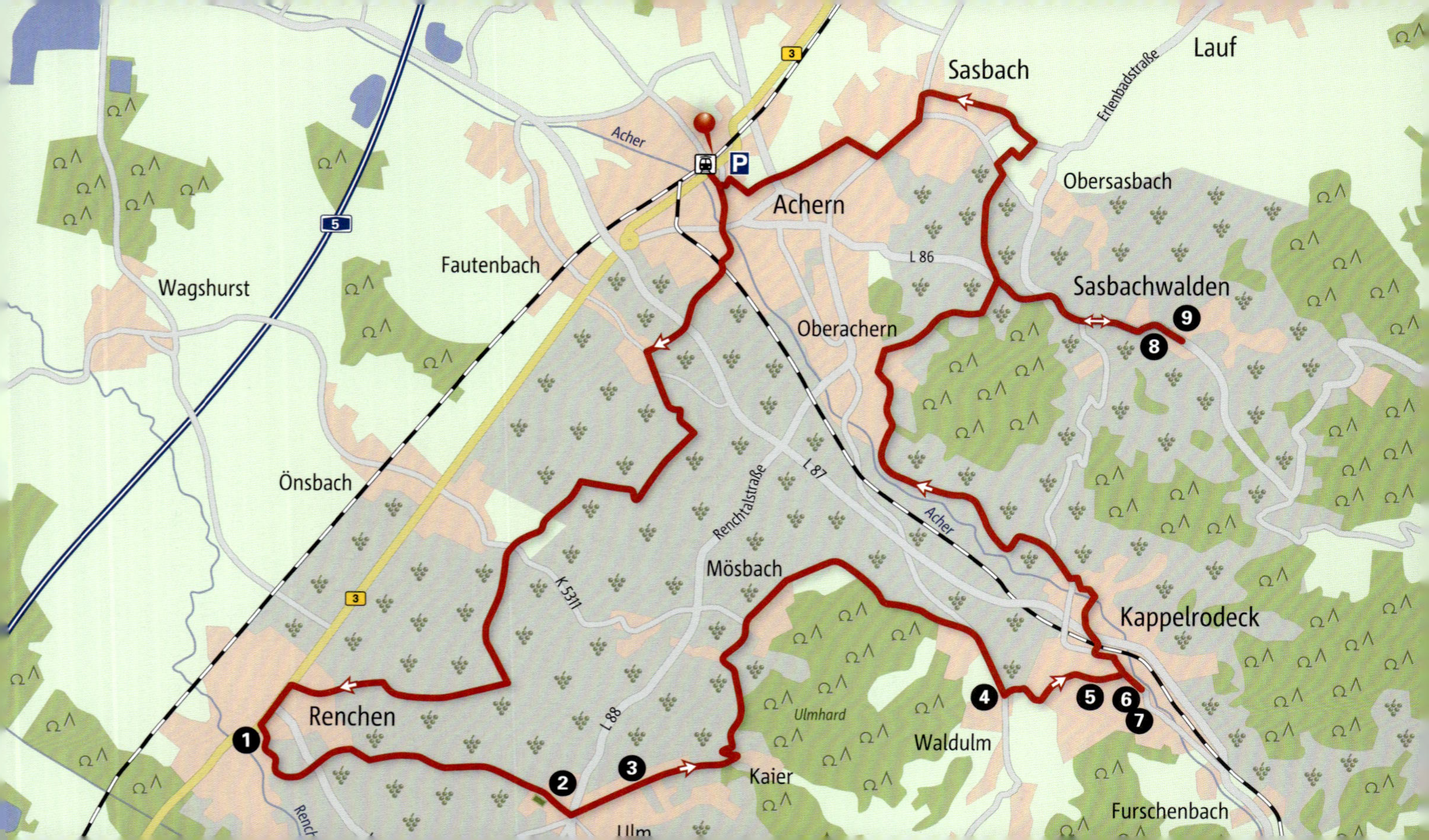

Lauf
Sasbach
Erlenbadstraße
Obersasbach
Achern
Acher
L 86
Sasbachwalden
9
8
Fautenbach
Wagshurst
Oberachern
5
3
Önsbach
L 87
Renchtalstraße
Acher
Mösbach
K 5311
Kappelrodeck
Renchen
1
2
3
L 88
4
5
6
7
Ulmhard
Waldulm
Kaier
Furschenbach
Ulm

ALLES AUF EINEN BLICK

Entspannung

Abenteuer

Vielfalt

WIE & WANN

Asphaltierte Radwege, wenig Schotterwege, wenig Autostraße; Frühling bis Herbst, besonders schön im Herbst und zur Weinlese.

HIN & WEG

Auto: Parkplatz am Bahnhof Achern, Alter Bahnhof, 77855 Achern
ÖPNV: Bahnhof Achern

ESSEN & ENTSPANNEN

3 **Besenwirtschaft Weingut Meier,** Armenhöfe 49, 77871 Renchen-Ulm, Tel. (0 78 43) 74 90, www.weingut-armenhoef.de

4 **Bäckerei Huber,** Weinstraße 38, 77876 Kappelrodeck-Waldulm, Tel. (0 78 42) 4 62, www.huber-baeckerei.de

7 **Eis-Café Dolce Vita,** Marktplatz 114, 77876 Kappelrodeck, Tel. (0 17 6) 84 15 81 22

9 **Restaurant-Café Knusperhäuschen,** Bachmatt 3, 77887 Sasbachwalden, Tel. (0 78 41) 16 64, https://xn--knusperhuschen-sasbachwalden-dnc.de

ENTDECKEN & ERLEBEN

1 **Grimmelshausenbrunnen**

2 **Familienbrauerei Bauhöfer**

5 **Winzerkeller Hex vom Dasenstein,** Burgunderplatz 1, 77876 Kappelrodeck, Tel. (0 78 42) 9 93 80, www.dasenstein.de

6 **Kappelrodecker Marktplatz**

8 **Winzergenossenschaft Alde Gott**

Testturm

Turmtour

Malerisch um Rottweil

Das hübsche **Bahnhofsgebäude Rottweil** im Rücken fahren wir rechts und müssen sogleich bergan. Rechts durch die Bäume sehen wir den ❶ **Testturm,** eine Art Wahrzeichen von Rottweil, an dem wir zwar nicht direkt vorbeifahren, der aber im Anschluss an die Tour einen Besuch wert ist. Der 246 Meter hohe Turm bietet nämlich auf 232 Metern die höchste Besucherplattform Deutschlands. Es handelt sich um einen Testturm für Express- und Hochgeschwindigkeitsaufzüge.

Wir fahren die Bahnhofstraße entlang; Kastanienallee wäre auch ein passender Name. An einer Ampel biegen wir rechts ein in die Hochbrücktorstraße Richtung **Zimmern ob Rottweil.** Wir fahren ein Stück auf der zweiten Etappe des insgesamt 370 Kilometer langen **Neckartal-Radweges.** Von der Hochbrücke aus haben wir nach rechts einen fantastischen Blick ins tiefe Tal. An der Hauptstraße biegen wir links ein Richtung Altes Rathaus und schieben durch die Fußgängerzone. Von unten lacht uns das sogenannte ❷ **Schwarze Tor** an, viel freundlicher, als die Farbe im Namen erwarten lässt, wenngleich es früher zeitweise als Gefängnis diente.

Bevor wir durch das Tor schieben, schauen wir hinab auf das malerische **Rottweil,** wirklich schön hier! Man könnte auch den Tag lang durch die Gassen bummeln, aber wir wollen die frische Luft in der freien Natur genießen. Hinter dem Tor biegen wir rechts ab, halten uns dahinter wieder rechts, fahren in einer Tempo-20-Zone und sehen rechts vor uns den Testturm. Wir biegen am EDEKA

*Das **Schwarze Tor** wurde erstmals 1566 als „Schwarzer Turm" erwähnt. Zuvor hieß es wohl „Waldtor". Man dachte, das sei der Lage – dem Stadtausgang – geschuldet, denn von dort aus ging es in den Schwarzen Wald.*

Kilometer: 32,7

Höhenmeter: 320

Stunden: 3

RUNDTOUR

Rottweil

links ab in die Nägelesgrabenstraße, an der nächsten Ampel nach rechts aufwärts in die großzügig geschwungene **Oberndorfer Straße** und folgen ihr nach fast 1 Kilometer an einem Kreisverkehr nach rechts. An einer Laterne stoßen wir auf ein Schildermeer und richten uns nach **Villingendorf.** Nun erwartet uns wunderschöner Herbstwald. Aus dem Wald heraus erblicken wir rechts wieder den Testturm. An einer Abzweigung finden wir unter einem Kastanienbaum eine Sitzgelegenheit, die den Baum umrundet. Wir fahren links Richtung Villingendorf und verlassen den Neckartal-Radweg. Übrigens sind wir hier am „Diebsteig West 636 Meter“ – so steht es angeschrieben. Wir fahren über eine Brücke über die B 27 und an der T-Kreuzung dahinter links in Richtung **Zimmern.** Nach Villingendorf geht es zwar nach rechts und es ist auch unser nächstes Ziel, aber wenn wir den Umweg über den

Schotterweg links nehmen, müssen wir nicht an der Straße entlangfahren. Im Herbstleuchten radelt es sich nun wunderbar leicht. Am Wegesrand stehen immer wieder Bänke bereit, man kann verweilen und sich einfach an den Farben erfreuen und für die bekannte dunkle Jahreszeit auftanken.

Für die Seele

Im Herbstleuchten radeln wir durch malerische Landschaft und kosten die knusprigste Scheibe Brot!

Der Schotterweg geht bald wieder in Asphalt über und wir gelangen an eine T-Kreuzung, an der uns ein recht kleines Schild rechts nach Villingendorf weist. Kurz darauf hat man rückwärtig einen fantastischen Blick auf den Testturm in der Landschaft: Also unbedingt an- und innehalten – und schauen! Wir radeln nun durch schattigen Mischwald, in dem es beständig rauf und runter geht. Sobald wir aus dem Waldstück herausfahren, sehen wir rechter Hand wieder einen Teil des Testturms. Dann liegt Villingendorf vor uns. Wir queren die Autobahn A 81 und genießen die Freiheit auf dem Rad.

Schwarzes Tor

Villingendorf begrüßt uns mit einem Brunnen, der linker Hand liegt. Auf unseren Streifzügen durch den Schwarzwald begegnen uns verschiedene Ausführungen von Radschildern: Diesmal ist es rot auf weißem Grund. Wir biegen rechts ein in die Schillerstraße und fahren durch Villingendorf. Am Vorfahrt-beachten-Schild biegen wir links ab in die Rottweiler Straße, nun Richtung **Herrenzimmern.** Es geht immer geradeaus und bald finden wir an einem Schildermeer wieder Radschilder mit Grün auf Weiß. Passend fahren wir mittlerweile auf der Herrenzimmerner Straße. Wir verlassen einen Kreisverkehr Richtung Bösingen und wechseln auf die andere Straßenseite, um dort auf dem Radweg aufwärtszufahren. Die Sportanlagen Herrenzimmern lassen wir hinter uns und erfreuen uns an einem kurzen Stück bergab. An einer Laterne mit Hinweisschild nach Herrenzimmern werden wir durch eine Links-rechts-Schikane geführt. Es geht nun wieder bergan. Wenn es rechts auf einem Willkommensschild „Grüß Gott in Herrenzimmern" heißt, biegen wir vor dem ersten Haus links ein.

An dieser Stelle genießen wir einen herrlichen Blick ins Tal; wir haben freie Sicht über die Felder, erblicken dahinter den Wald und zwei Windräder. Das ergibt ein wunderschönes Bild in der Natur. Weiter radeln wir, rechts von uns liegt **Herrenzimmern,** links grasen Pferde auf der Weide. Die Herbstsonne wirkt hier oben wie ein Bühnenlicht. Am Schild „Land- und forstwirtschaftlicher Verkehr frei" fahren wir geradeaus, den Radschildern schenken wir hier keine weitere Aufmerksamkeit. Wir sind nun auf dem Weg ins Eschachtal. Dazu müssen wir an einer T-Kreuzung nach links und noch ein paar weitere Meter hinauf, ehe wir die Kuppe erreichen und wieder abwärtsrollen dürfen. Aus einem dunklen Stück Tannenwald heraus eröffnet sich vor uns das **Eschachtal.** Wir queren die B 462, wenden uns nach rechts auf den Radweg und kommen an eine Abzweigung nach links, die ausgeschildert ist für „Anlieger frei 2,8 t". Da müssen auch wir lang; leichter sind wir auch. Es gibt hier kein Radschild, aber das ficht uns nicht an und wir radeln geradeaus über die nächste Kuppe. Vor uns liegt nun **Lackendorf** an der Eschach. Schon kurz hinter den ersten Häusern kommen wir an die Kniebisstraße, biegen rechts ein und die nächste gleich wieder links abwärts und werden hinunter zur Dunninger Straße geführt. Gegenüber sehen wir Schilder, wir richten uns nach Stetten und radeln entlang der K 5547, zum Glück kön-

Café im Bootshaus

nen wir aber gleich hinter der Leitplanke rechts abbiegen auf einen Schotterweg und so müssen wir nicht auf der Straße fahren. Wir kommen am „Der Hofladen Am Mühlengraben“ vorbei und erreichen **Stetten.**

Im Ort folgen wir der Ausschilderung **Flözlingen** immer geradeaus. Das **3 Café im Bootshaus** sieht sehr nett aus und liegt gerade richtig, da wir ungefähr die Hälfte der Tour geschafft haben; leider hat es nur wenige Tage geöffnet. Hinter Stetten können wir Richtung Flözlingen wieder rechts auf dem Radweg fahren und rollen zügig in das Dorf ein. Immer der Durchgangsstraße nach, erreichen wir linker Hand die **4 Hirschbrauerei Flözlingen,** wo man nicht nur deftig essen kann. In dieser kleinen Brauerei wird das Bier traditionell in

Handarbeit hergestellt – einen Versuch ist es wert. Erfrischt und gestärkt biegen wir anschließend rechts ein in die Straße Im Winkel, rollen wieder abseits der Durchgangsstraße und sind auch gleich von den Herbstfarben umringt.

Ein ganzes Stück radeln wir am **5 Ufer der Eschach** entlang. Es geht ein bisschen abwärts, gerade genug, um entspannt durch die Wiesen und Felder zu treten, vorbei an Uferbüschen und Hainen, die Sonne zu genießen und uns am ein oder anderen Vogelruf zu ergötzen. Dann erreichen wir **Horgen,** gelangen an eine T-Kreuzung und orientieren uns an der Unzahl Radschilder gegenüber nach links Richtung **Rottweil.** Am Vorfahrt-beachten-Schild fahren wir geradeaus in die Zimmerner Straße, weiter Richtung Rottweil. In einer Linkskurve schwenken wir rechts ein in die Alte Hausener Straße, hinein in eine 30er-Zone, die für land- und forstwirtschaftlichen Verkehr freigegeben ist. Rechter Hand liegt nun das **6 Hotel-Restaurant Linde Post.** Wer vorher noch nicht eingekehrt ist oder sich aus

der Satteltasche versorgt hat, hier ist nun eine gute Gelegenheit, sich anspruchsvoll zu stärken. Und Stärkung ist nötig, denn jetzt ist der kleinste Gang oder Schieben angesagt; alternativ lässt sich die hurtige Steigung gut mit dem E-Bike bewältigen. Allerdings mit vollem Bauch den Berg hoch? Vielleicht halten wir noch ein kurzes Stück aus, und legen die Pause gemütlich während der folgenden Abfahrt ein.

Nach dem Anstieg weist das grüne Rad auf weißem Grund nach rechts, es gilt noch eine letzte Kuppe zu nehmen, dann eröffnet sich auf dem höchsten Punkt dieser Tour ein herrliches **7 Panorama auf Hausen und Rottweil** vor uns. Wir erspähen links auch den Testturm wieder. Vor uns liegt nun **Hausen,** aber wir folgen dem grünen Rad auf weißem Grund unter der A 81 hinweg und kurz dahinter nach rechts, sodass wir Hausen links liegen lassen. Nachdem wir das Eschachtal hochgefahren sind, befinden wir uns nun wieder auf dem Weg ins Neckartal. Wir kommen an einem Hof vorbei und müssen an der T-Kreuzung links; das Radschild hat

Natur-Gasthaus Bettlinsbad

sich unter einem Baum versteckt. An den jeweils nächsten Abzweigungen müssen wir zweimal rechts und einmal links, nun Richtung **Bettlinsbad.** Dort befindet sich das Naturfreundehaus, in dem wir zum Fast-Abschluss der Tour endlich essen möchten. Noch einmal müssen wir an einer T-Kreuzung links abbiegen, dann erreichen wir das **8 Natur-Gasthaus Bettlinsbad.** Man spürt gleich die Gastfreundschaft. Rechts steht ein Picknick-Lädele zur Verfügung, in dem es einige Leckereien – saisonale und regionale Produkte, süß bis herzhaft – und natürlich Sitzgelegenheiten gibt, um in der Natur zu speisen. Zudem gibt es den **„Saustall",** ein Haus, in dem es schmucke Dekoartikel zu kaufen gibt. Das eigentliche **Naturfreundehaus,** das wir aufsuchen, wirbt vor der Tür mit Schildern wie: „In unserer Küche gibt es Zucker, Zimt und Liebe". Und ja, wir werden im Selbstbedienungslokal sehr freundlich empfangen, auch das helle, überwiegend aus Holz bestehende Inventar spricht uns an. Sehr gemütlich hier! Wir können eine Scheibe Brot mit Ziegenfrischkäse nur empfehlen: Die Scheibe ist unerwartet riesig, der Rand superknusprig, das Brot selbst saftig frisch. Hier legt man Wert auf frische, abwechslungsreiche und regionale Speisen. Wir wollen gar nicht wieder gehen und gönnen uns noch Kaffee und Schwarzwälderle im Glas, die richtige Menge zum Nachtisch.

„Saustall"

Nach der schönen Pause gehen wir die verbleibenden Kilometer an, fahren aber zunächst nicht dem Radschild Richtung Rottweil nach, sondern folgen der Ausschilderung Bühlingen nach

rechts. Im Sonnenschein radeln wir die letzten Meter und fühlen uns genauso wohl wie die frei laufenden Hühner, die grasenden Pferde und die Kälber. An der nächsten Beschilderung steht Rottweil in Rot angeschrieben. Abwärtsrollend erreichen wir **Bühlingen.** Nun weist uns das rote Rad auf weißem Grund den Weg durch das Dorf. Am Vorfahrt-beachten-Schild lesen wir **Rottweil Stadtmitte** nach links, noch 4,2 Kilometer. Es geht nun immer an der Straße entlang bis hinein nach Rottweil. An einer Rechtskurve – rechts steht riesig „Unfallgefahr" angeschrieben – rollen wir, dem grünen Rad auf weißem Grund folgend, nach links in eine Spielstraße. Dann überqueren wir die Tuttlinger Straße an einer Ampel und fahren auf der anderen Seite nach links, wie es uns unser Zeichen weist. An der Gabelung nur wenige Meter weiter geht es rechts auf den Radweg, sodass wir nicht auf der belebten Autostraße fahren müssen, die nun links oberhalb von uns verläuft. Rechts von uns fließt der **Neckar,** hier eher in Miniaturform. Wir sind nun wieder mitten im anmutigen **Rottweil** mit seinen vielen denkmalgeschützten Gebäuden.

Schließlich kommen wir an ein Stoppschild, an dem unser Wegweiser nach links zum Bahnhof weist. Das Letzte, das wir von Rottweil sehen, ist der Testturm. Wir waren sicher nicht das letzte Mal hier, denn es ist wunderschön!

*Das malerische **Rottweil** ist die älteste Stadt Baden-Württembergs; schon 74 nach Christus ließen sich Soldaten des römischen Imperiums hier nieder. Ende des 12. Jahrhunderts gründeten die Staufer das mittelalterliche Rottweil.*

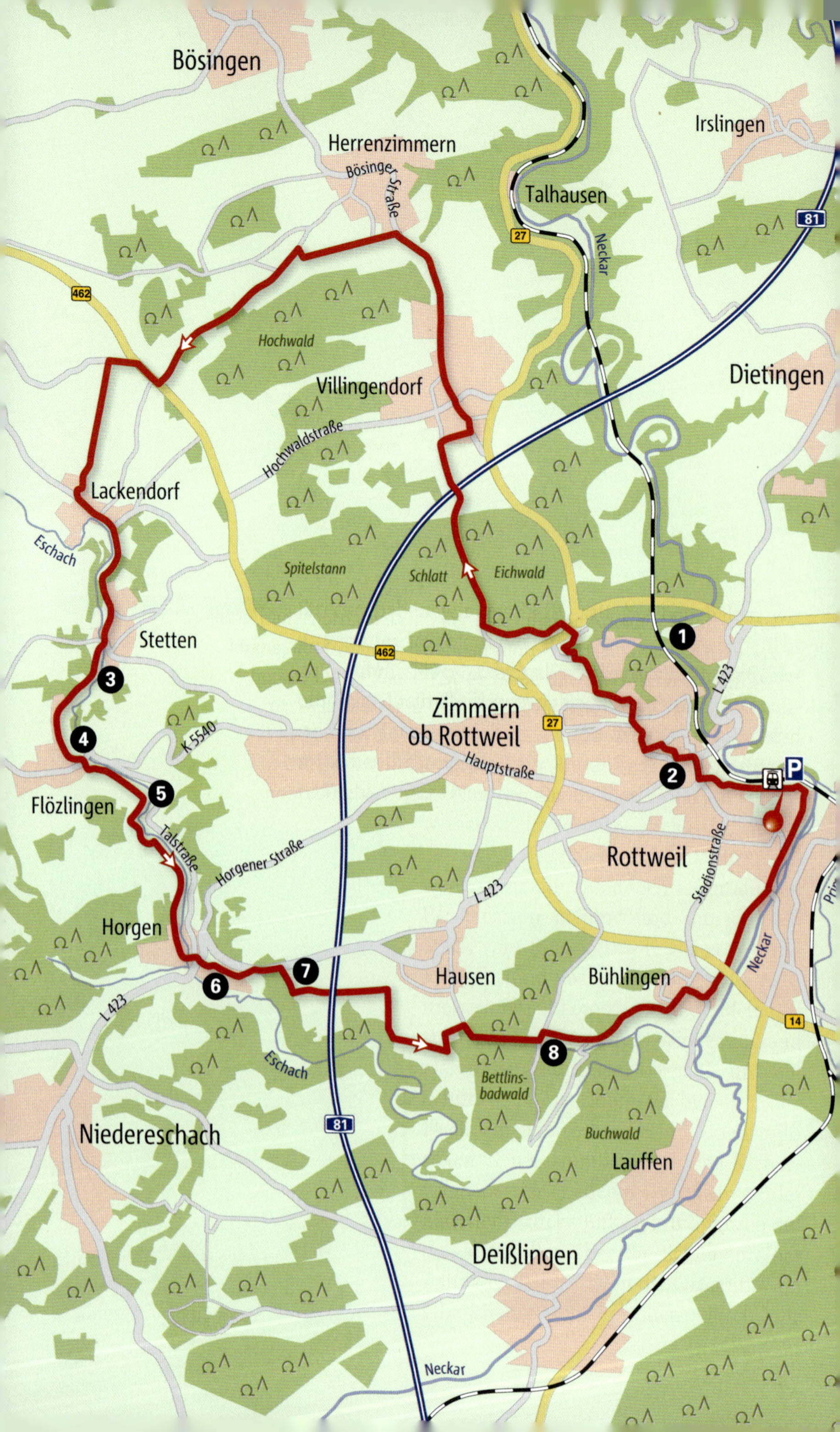

Bösingen
Herrenzimmern
Bösinger Straße
Talhausen
Irslingen
Neckar
81
27
462
Hochwald
Villingendorf
Dietingen
Hochwaldstraße
Lackendorf
Eschach
Spitelstann
Schlatt
Eichwald
Stetten
1
L 423
3
462
Zimmern
ob Rottweil
27
4
K 5540
Hauptstraße
2
P
5
Flözlingen
Talstraße
Horgener Straße
Rottweil
Stadionstraße
L 423
Horgen
Neckar
7
Hausen
Bühlingen
6
L 423
14
8
Eschach
Bettlinsbadwald
81
Buchwald
Niedereschach
Lauffen
Deißlingen
Neckar

ALLES AUF EINEN BLICK

Entspannung
Abenteuer
Vielfalt

WIE & WANN

Vorwiegend asphaltierte Radwege, längere Abschnitte Autostraße, kurze Strecken Schotterwege; Frühling bis Herbst.

HIN & WEG

Auto: Parkplatz am Bahnhof Rottweil, Bahnhofstraße, 78628 Rottweil
ÖPNV: Bahnhof Rottweil

ESSEN & ENTSPANNEN

3 **Café im Bootshaus,** Grundstraße 23, 78658 Zimmern ob Rottweil-Stetten, Tel. (0 15 25) 1 78 64 55, www.cafe-im-bootshaus.de

4 **Hirschbrauerei Flözlingen,** Eschachstraße 15, 78658 Zimmern ob Rottweil-Flözlingen, Tel. (0 74 03) 4 89, www.hirsch-braeu.de

6 **Hotel-Restaurant Linde Post,** Alte Hausener Straße 8, 78658 Zimmern ob Rottweil-Horgen, Tel. (07 41) 3 33 33, www.lindepost.de

8 **Natur-Gasthaus Bettlinsbad,** Bettlinsbad 1, 78628 Rottweil-Bettlinsbad, Tel. (07 41) 34 89 33 93, www.bettlinsbad.de

ENTDECKEN & ERLEBEN

1 **Testturm,** Berner Feld 60, 78628 Rottweil, Tel. (07 41) 20 82 37 01, https://testturm.tkelevator.com/global-de

2 **Schwarzes Tor**

5 **Ufer der Eschach**

7 **Panorama auf Hausen und Rottweil**

Donauursprung

Quelle und Ursprung

Die Quellregion Donaueschingen

Gegenüber vom Bahnhofsgebäude in **Donaueschingen** orientieren wir uns an den Radschildern. Wir starten nach links Richtung Bräunlingen. Ausgeschildert ist auch der **Donauradweg NULL.**

Der Oktober zeigt sich von seiner goldenen Seite, schon um 10 Uhr morgens strahlt die Sonne und sorgt für zweistellige Temperaturen. Kaum haben wir den Bahnhof hinter uns gelassen, fahren wir nicht mehr Richtung Bräunlingen, sondern die nächste Möglichkeit rechts über die Käferstraße Richtung Stadtmitte. Wir radeln über die **Brigach** und hinter der Brücke links auf dem Radweg nach **Wolterdingen** für 5,9 Kilometer, zunächst entlang der Hermann-Fischer-Allee. Hinter der nächsten Autobrücke, auf dem Weg bergauf, weist uns das Radschild nach links. Wir kommen wieder an die **Brigach,** einen der Quellflüsse der Donau. Nach ein paar Metern im Oktobersonnenschein geht es in den Wald hinein auf einen schönen Schotterweg, an dem alle paar Meter Bänke bereitstehen. Hier begegnen einem viele Wanderer. Wir bewältigen einen kleinen Anstieg und erfreuen uns an dem Grün, das an der ein oder anderen Stelle schon in das Herbstgold übergeht.

Dann dürfen wir auch wieder hinabrollen und erfreuen uns an der schönen Landschaft. Gegenüber von **Aufen** kommen wir an ein Schildermeer und folgen weiter dem Donauradweg NULL entlang der Bahnschienen, nun Richtung Grüningen. Die Sonnenblumen am Rand sind teilweise verblüht, rufen uns aber die Üppigkeit des Sommers in Erinnerung. An

*Die **Etappe NULL des Donauradwegs** ist 98 Kilometer lang und zu bewältigen sind 610 Höhenmeter. Der Startpunkt befindet sich in Donaueschingen, es geht durch die Quellregion der Donau, vorbei an deren Ursprung und zur Quelle.*

Kilometer: 33,7

Höhenmeter: 160

Stunden: 2,5

RUNDTOUR

der nächsten Gabelung bleiben wir links entlang der Bahnschienen. Es geht gemächlich aufwärts, rechter Hand stoßen wir auf einen Platz mit einem ❶ **Gedenkstein:** „Zur Erinnerung an die ehemalige Siedlung Oberaufen". Die ehemalige Siedlung **Oberaufen** wurde zuerst 1525 während der Bauernkriege und endgültig im Dreißigjährigen Krieg zerstört. Heute hat sich die Natur die Landschaft zurückerobert.

Wir erreichen **Grüningen,** wo wir am Knotenpunkt 47 die Bahn nach links überqueren, weiter dem Radweg NULL nach und dann sogleich rechts weiter Richtung Brigachtal radeln. Die Brigach liegt nun links wieder ganz nah bei uns, knickt dann aber nach links ab und entfernt sich kurze Zeit etwas, um gleich wieder neben uns zu verlaufen. Die Bahnschienen sind rechts von uns. Es gibt viel Grün für das Auge, zurückhaltendes Vogelpiepsen für das Ohr und ein bisschen Landluft für die Nase darf es auch sein. Nach einer Weile schicken uns das **grüne Rad auf weißem Grund** und der NULL-Weg durch eine Links-rechts-Schikane. Rechts an einer Infotafel ist Etappe NULL des Donauradwegs, der einen höchsten Punkt von 1149 Meter über Normalhöhennull aufweist, ausführlich beschrieben. Der gesamte Weg ist uns zumindest heute zu viel.

Kurz darauf rollen wir in **Klengen** ein. Heute liegt eine fuchsrote Katze im Gras und schaut uns nach, als wolle sie fragen, warum wir radeln und nicht einfach nichts tun. Aber dann würden wir ja nichts zu sehen bekommen. Wir folgen dem Radweg NULL durch Klengen auf der Bahnhofstraße und vorbei am – na klar! – **Bahnhof von Klengen.** Am Knotenpunkt 39 verlassen wir den NULL-Weg und fahren links weiter Richtung Überauchen. Das grüne Rad auf weißem Grund bleibt uns erhalten, während wir auf dem Radweg parallel zur Autostraße fahren. Wir überqueren die Brigach und verlassen bald das Brigachtal. Kaum vorstellbar, dass die Brigach, ein 40 Kilometer langer Fluss im Schwarzwald-Baar-Kreis, irgendwann zum größten Fluss Europas anschwillt. Wir erreichen **Überauchen** auf der Bondelstraße, die uns geschwungen durch das Dörfchen leitet. Dann geht es etwas bergan und an einem Vorfahrtsschild zeigt das grüne Rad nach rechts in die Straße **Großes Tal.** Noch sind wir im Brigachtal, sehen vor uns aber eine Kuppe, hinter der sich

Für die Seele

Wir entspannen am Wolterdinger Weiher und staunen über das Unspektakuläre der Donauquelle.

Himmelsliege

das **Bregtal,** benannt nach dem Fluss Breg, verbirgt. Ein bekannter Spruch fällt uns ein: „Brigach und Breg bringen die Donau zuweg."

Zwischen Feldern hindurch müssen wir nun ordentlich bergan fahren. Blühender Gelbsenf leuchtet und macht es uns durch seine Freundlichkeit leicht. An einer T-Kreuzung biegen wir links ab und die nächste gleich wieder rechts. Hier befinden wir uns auf fast 800 Metern Höhe und haben den höchsten Punkt und ungefähr ein Drittel unserer Tour bewältigt. Mit etwas Glück bieten Greifvögel unseren Augen eine Flugshow. Ab und an sind Reiter unterwegs und runden das idyllische Landschaftsbild ab. Dann zweigen wir am nahen Schild links ein Richtung Wolterdingen. Vorher gönnen wir uns aber in der bereitstehenden ❷ **Himmelsliege** eine Pause mit Blick auf **Tannheim –** ein wunderbares Panorama. Nach dem wunderschönen Aussichtspunkt dürfen wir hinabsausen und folgen der Radbeschilderung am Knoten-

Wolterdinger Weiher

Breg

punkt 38 nach links weiter Richtung Wolterdingen 4,1 Kilometer, wobei es am nächsten Schild plötzlich 6,5 Kilometer sind – und ja, dieser, ein wenig längere Weg ist der unsere. Rechts von uns liegt ein kleines Moor und wir fahren entlang des Wolfbaches bis zum **3 Wolterdinger Weiher.** Man kann zum Weiher hinuntergehen, Bänke stehen bereit, um sich sitzend einfach nur umzublicken und zur Ruhe zu kommen. Zeit für eine Pause!

An der nächsten Beschilderung heißt es nach Wolterdingen nur noch 1,3 Kilometer. Am Wegekreuz folgen wir dem grünen Rad auf weißem Grund nach links und erreichen **Wolterdingen.** Wir bleiben auf der Kirchbühlstraße und fahren 200 Meter bis zur Ortsmitte. Nach einem Stoppschild biegen wir links in die Hauptstraße ein, dann rechts in die Hubertshofener Straße nach Bräunlingen und überqueren die **Breg,** den anderen Quellfluss der Donau. Sie ist 46 Kilometer lang und nicht nur der längste Quellfluss der Donau, sondern auch der wasserreichste. Das grüne Rad auf weißem Grund leitet uns durch die Ränder von Wolterdingen bis zum Knotenpunkt 48 und wir folgen den Schildern Richtung **Bräunlingen:** unserer Richtung. Bald geht es nach Bräunlingen links und durch die Wiesen und Felder zunächst nach **Bruggen,** wo wir dem grünen Rad auf weißem Grund weiter folgen. Als es noch 1,1 Kilometer nach Bräunlingen sind, erkennen wir, dass wir schon längst wieder auf dem Donauradweg NULL unterwegs sind, den wir zwischenzeitlich verlassen hatten. Wir fahren der Beschilderung nach in die Stadtmitte von **Bräunlingen.**

Sogleich beeindruckt uns der **Kirchturm,** auf den wir zufahren. Wir richten uns nach der Beschilderung Donaueschingen 4,5 Kilometer, was aber nicht heißt, dass wir so schnell zurück am Ausgangspunkt sind, denn wir werden noch eine Schleife fahren. Vor dem schönen Stadttor von Bräunlingen geht es rechts ab. Somit folgen wir dem Radweg NULL über die Kirchstraße Richtung **Hüfingen.** Am Kreisverkehr fahren wir geradeaus in den Friedhofweg, auf dem es ein ganz kleines Stück bergauf geht, ehe wir links in einen Schotterradweg einschwenken. Sogleich radeln wir im Schatten der Bäume entlang des Röthenbachs. Rechter Hand stoßen wir auf eine Holzfigur von Leonhard von Eck, der 1480 bis 1550 gelebt und in seiner Zeit die Geschicke des

Am Donauusprung

Bräunlinger Bierpfad

Bayerischen Hofes wesentlich beeinflusst hat. Zugleich erfahren wir hier etwas über das deutsche Reinheitsgebot, denn dies ist die erste Station des **Bräunlinger Bierpfades.** Kurz darauf kommen wir an Station 2 vorbei, die uns etwas über das Brauwasser erzählt. Auf der Bank nebenan steht „Wald entspannt" – wie wahr! Es muss nicht immer Alkohol sein. Mittlerweile fließt links von uns wieder die Breg. Es dauert nicht lange und wir werden bei Station 3 über die Geschichte des Bieres aufgeklärt. Bier ist wohl eines der ältesten berauschenden Getränke, das von Menschen getrunken wird. Von wem auch sonst, fragen wir uns. Das älteste bekannte Rezept, so lesen wir, sei über 5000 Jahre alt und stamme aus China. Ja, ein Radler wäre jetzt tatsächlich nett, Alkohol hin oder her!

Hinter Station 3 begegnet uns ein Teil des **römischen Lehr- und Erlebnispfades.** Der Römer Brigo nimmt die ganze Familie mit auf eine römische Abenteuerreise und erzählt an acht Stationen Wissenswertes zu römischem Leben. Wir sind hier an Station 8 des Pfades, der

Donauquelle

uns die ❹ **Ala Milliaria der römischen Reitereinheit** vorstellt. Rechter Hand liegt ein Kneippbecken und dahinter werden wir rechts zu einer alten ❺ **römischen Badruine** geführt, die vom **ältesten deutschen Schutzbau** umschlossen ist. Schade, wir sind zu früh für die Besichtigung. Aber auch von außen können wir etwas sehen, wenn wir durch die Fenster lugen. Wir fahren weiter Richtung Hüfingen. Am Ende des Schotterweges biegen wir links ab und fahren in den Ort hinein bis zur Stadtmitte, wohlgeleitet von der Ausschilderung Richtung Donaueschingen auf dem Radweg NULL. Vor der Kirche biegen wir rechts ein in die Pfarrhausstraße und folgen weiter der Beschilderung nach Donaueschingen über die Breg. Dahinter radeln wir nach links noch gute 4 Kilometer bis Donaueschingen. Bald lesen wir auf dem Ortsschild: „Donauquellstadt Donaueschingen – Große Kreisstadt Schwarzwald Baar Kreis". Rechts von uns fließt zunächst die Breg. Wir biegen kurze Zeit später rechts ein in

Ala Milliaria der römischen Reitereinheit

die **Riedstraße** und dann links in Richtung Donauquelle. An einer Kreuzung stoßen wir auf die Beschilderung Donauquelle nach links, fahren aber rechts Richtung **Pfohren,** weil wir zuerst an den Ursprung der Donau wollen. Bald geht es rechts über eine Brücke und dann wieder links. Kurz darauf fahren wir wieder links über eine Brücke, ausgeschildert ist nun der **6 Donauursprung,** den wir uns ansehen. Oha, wie unspektakulär!

Es stehen nette Sitzgelegenheiten zur Verfügung und eine Aussichtsplattform ist vorhanden. Am Donauursprung überqueren wir die Breg und fahren weiter nach Donaueschingen. Wir folgen dem grünen Rad sowie der Beschilderung „Stadtmitte" nach rechts und kommen von der Stadionstraße in die **Fürstenbergstraße.** Linker Hand erreichen wir die **7 Donauquelle.**

Donaueschingen ist natürlich bekannt für die Donauquelle, hat aber noch viel mehr zu bieten, wie zum Beispiel die farbenfrohen Jugendstilgebäude mit blauem Rathaus und Musikantenbrunnen, die Stadtkirche im böhmischen Barockstil, das Fürstliche Fürstenbergische Schloss mit idyllischem Schlosspark – um die Hauptattraktionen zu nennen, die alle einen Besuch wert sind. Nach Besichtigung der Donauquelle fahren wir über die Fürstenbergstraße weiter in die Stadt. Links geht es in 600 Metern zum Bahnhof. Auf dem Weg dahin halten wir rechts, um im **8 Bräustüble** bei herrlichem Sonnenschein draußen zu sitzen und zu essen. Nebenan ist die bekannte **9 Fürstenberg Brauerei,** für deren Besichtigung man sich am besten frühzeitig anmeldet. Gestärkt nach erholsamer Entschleunigungstour fahren wir die letzten paar Meter zum ausgeschilderten Bahnhof zurück.

Der naturnah gestaltete ***Donauursprung*** *liegt am Rande des Donaueschinger Schlossparks. Der markanteste Punkt ist der Zusammenfluss von Brigach und Breg. Inzwischen haben sich zahlreiche Tierarten in diesem Naturparadies niedergelassen.*

Die ***Donauquelle*** *ist umgeben von der 1896 von Adolf Heer erschaffenen Skulpturengruppe „Mutter Baar", die ihrer Tochter, der jungen Donau, den Weg weist. Sie fließt unterirdisch durch den Schlosspark, bald in die Brigach und später ins Schwarze Meer.*

Im Bräustüble

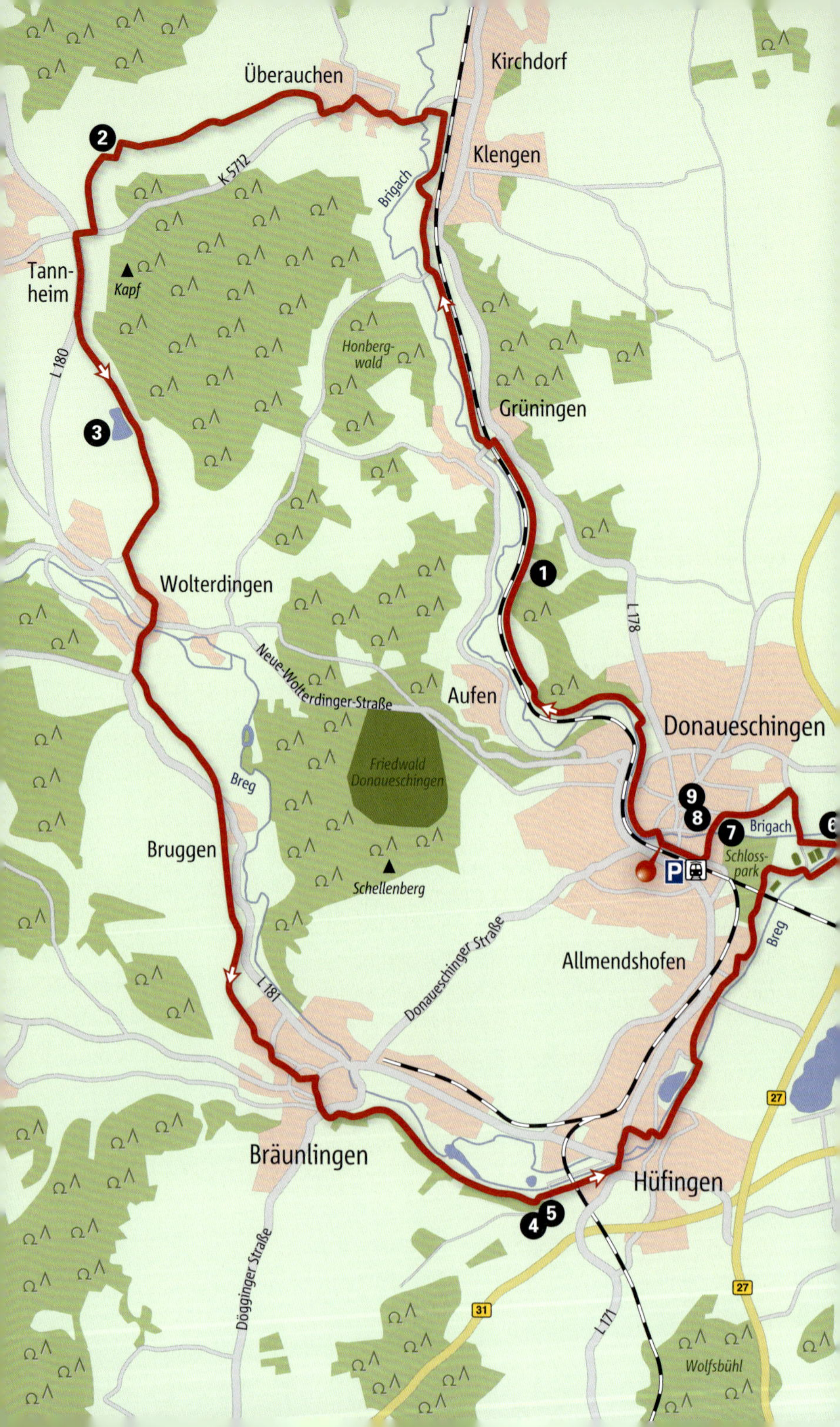
Überauchen
Kirchdorf
Klengen
K 5712
Brigach
Tann-
heim
Kapf
Honberg-
wald
L 180
Grüningen
Wolterdingen
L 178
Neue-Wolterdinger-Straße
Aufen
Donaueschingen
Friedwald
Donaueschingen
Breg
Bruggen
Schellenberg
Brigach
Schloss-
park
Breg
Allmendshofen
Donaueschinger Straße
L 181
27
Bräunlingen
Hüfingen
Dögginger Straße
31
27
L 171
Wolfsbühl
1
2
3
4
5
6
7
8
9

ALLES AUF EINEN BLICK

Entspannung ●●●●○
Abenteuer ●●○○○
Vielfalt ●●●○○

WIE & WANN

Asphaltierte Radwege, kurze Strecken Schotterwege und Autostraßen, wenige Meter Pflasterstein; Frühling bis Herbst.

HIN & WEG

Auto: Parkplatz am Bahnhof Donaueschingen, Bahnhofstraße, 78166 Donaueschingen
ÖPNV: Bahnhof Donaueschingen

ESSEN & ENTSPANNEN

8 **Bräustüble,** Postplatz 1–4, 78166 Donaueschingen, Tel. (07 71) 36 69, www.braeustueble-ds.de

ENTDECKEN & ERLEBEN

1 **Gedenkstein Oberaufen**
2 **Himmelsliege**
3 **Wolterdinger Weiher**
4 **Ala Milliaria der römischen Reitereinheit**
5 **Römische Badruine und ältester deutscher Schutzbau**
6 **Donauursprung**
7 **Donauquelle**
9 **Fürstenberg Brauerei,** Postplatz 1–4, 78166 Donaueschingen, Tel. (07 71) 8 62 06, www.fuerstenberg.de/braukunst-bierkultur

Kurpark Bad Herrenalb

Kultur und Natur

Herrenalb und Frauenalb

Wir starten am **Bahnhof Bad Herrenalb** in die Bahnhofstraße. Für Radfahrer ist die Stadtmitte ausgeschildert. Wenige Meter vor der Kurpromenade folgen wir dem **grünen Rad auf weißem Grund** nach rechts, überqueren die Promenade und fahren in den Park hinein. Wir rollen über einen Parkplatz, dann links auf den Schotterweg. Der schöne ❶ **Kurpark** und ein plätschernder Bach liegen rechts von uns. Wenn es nicht mehr weitergeht, radeln wir rechts über eine Brücke und biegen dahinter links ab. Vorbei am Kurhaus kommen wir aus dem Park, bleiben auf dem gepflasterten Weg und überqueren vor dem Kreisverkehr die Straße nach links. So gelangen wir zu einem Torbogen, auf dem links „Zur historischen Klosterstraße" zu lesen steht. Hier können wir die Klosteranlage der ❷ **Klosterruine Bad Herrenalb** besichtigen.

*1148 gründeten Zisterzienser im heutigen Bad Herrenalb ein **Kloster.** 1149 stiftete Graf Berthold III. von Eberstein das Alba Dominorum, ein Hauskloster, aus Dankbarkeit, weil er vom Zweiten Kreuzzug in die Heimat zurückkehren durfte.*

Danach fahren wir am Kloster vorbei und links durch die Fußgängerzone. Schräg rechts vor uns liegt die Lokalität Klosterscheuer. Am Ende der Gasse, am Sägwasenplatz, biegen wir links ein. Danach fahren wir nochmals links, sodass das Kloster im Verlauf links von uns auftaucht. An der Dobler Straße, hinter einem Zebrastreifen, biegen wir links ab und kommen wieder an den uns schon bekannten Kreisverkehr. Wir biegen rechts ab und gleich dahinter nach links den **Bernsteinweg** hinauf. Ohne Schwung wird man schieben müssen. An einer T-Kreuzung geht es weiter links aufwärts Richtung **Bernbach.** Uns beeindrucken die riesigen Bäume, sind es Mammuts? Nach dem schweißtreibenden An-

Kilometer: 29

Höhenmeter: 370

Stunden: 2,5

RUNDTOUR

Klosterruine Bad Herrenalb

Blick vom Falkenstein

stieg freuen wir uns über den Schatten im Wald und fahren am Schildermeer weiter Richtung Bernbach auf dem **Pfahlwaldwegle.** Auf einem Baumstumpf lesen wir einen Hinweis zum Falkenstein, einem Aussichtspukt, zu dem wir einen Abstecher machen werden. Wenn wir rechts die Schutzhütte sehen, biegen wir rechts ab zum Falkenstein, den wir uns nicht entgehen lassen möchten. Und wahrlich, eine Pause am ❸ **Falkenstein** lohnt!

Nach dieser grandiosen Aussicht fahren wir zurück zur Schutzhütte und folgen dem grünen Rad auf weißem Grund, nun nach rechts. Auf dem asphaltierten Weg aufwärts umarmt uns frisch beregnetes, saftiges Waldgrün. Das tut gut! Dann geht es an der Beschilderung „Pfahlwaldweg/Bernbach“ auf Schotter weiter, wir haben fast schon den höchsten Punkt der Tour erreicht. Vorher rollen wir aber im Schatten noch mal leicht abwärts und können uns von der Anstrengung eben erholen. Nicht weit vor Bernbach steigt der Weg wieder an und wir erreichen mit 540 Metern den höchsten Punkt der Tour. Fast auf der Höhe gelangen wir in das schnuckelige **Bernbach** über den Herrenalber

*Der bis zu 40 Meter aufragende **Falkenstein** ist der höchste Punkt der Falkenfelsen. Hohe Felsen im Nordschwarzwald sind eher eine Seltenheit, nur wenige Felsformationen ragen als Wände oder Köpfe über dichtes Blätterdach hinaus.*

Weg und folgen dem grünen Rad auf weißem Grund. Vor der Kirche links steht, wie so oft in dieser Gegend, ein **Regiomat.** Wir queren die Althofstraße Richtung Sportplatz, hinein in die Frauenalber Straße. Vor der Festhalle biegen wir links ab Richtung **Historischer Grenzweg** und dann weiter Richtung Frauenalb. Wir kommen an eine Kreuzung und lassen uns von der Bank im Schatten zum Sitzen einladen. ❹ **„Blick zum Tannschach"** steht auf der Rückenlehne geschrieben. In der Tat erfreuen wir uns am Blick über Bernbach hinweg auf den Tannschachberg.

Für die Seele

Am Falkenstein belohnt uns eine herrliche Aussicht, die Klosterruinen Herren- und Frauenalb bieten Historie.

An der Bank müssen wir links ab Richtung Burbach. Rechter Hand steht eine Steinsäule, auf der „Oberamt Neuenbürg, Dorf Bernbach" geschrieben steht. Links an der Kreuzung ist für Wanderer die **Hermann Kern Hütte** ausgeschildert. Auch unser Weg führt an der Hütte vorbei, die im Dezember 1999 dem Sturm Lothar zum Opfer gefallen und ehrenamtlich in etwa 1000 Arbeitsstunden durch die Altersmannschaft des Musikvereins Harmonie wiedererrichtet worden ist. An der Kreuzung dahinter fahren wir geradeaus und

ebenso an der nächsten Kreuzung. Es geht jetzt lange Zeit leicht bergab; das ist angenehm zu fahren, allerdings beherbergt der Weg auch einige Schlaglöcher, also Vorsicht! Wir gelangen zum **Gästehaus Wiesenhof.** Die Pferde grasen hier mit wunderschönem Blick auf Burbach – aber genießen Pferde die Aussicht? Der Weg wird von einer Autostraße unterbrochen, gegenüber sehen wir, dass er bei einem Wegekreuz weiterführt. Wir müssen eine Schlaufe nach rechts nehmen, um die Autostraße zu überqueren. Bei dem Wegekreuz haben wir geradeaus einen Blick auf **Völkersbach.** Wir fahren rechts dem asphaltierten Weg nach und biegen bei der nächsten Straße rechts vor einer Bank ein. Von der Bank sehen wir nach rechts auf Windräder, davor liegt das Albtal. Hier kann man bei den Pferden sitzen, ins Albtal schauen und entschleunigen.

Kurz darauf erreichen wir **Burbach.** Auf Höhe der Ebersteinstraße biegen wir links in einen Weg ein, der für landwirtschaftlichen Verkehr frei ist. An der nächsten Kreuzung geht es wieder rechts ab, wir verlassen den asphaltierten Weg und rollen auf einen Schotterweg. Zügig stoßen wir auf eine Straße, biegen links ab und unmittelbar dahinter wieder rechts in die

Straße **Am Windeck** und entdecken dort das nette **5 Café Lola.** Wir persönlich haben zwar Pech, denn sie haben aktuell Urlaub, dennoch sitzt man hier gut für eine Pause, zumal wir die Hälfte der Tour geschafft haben. Unser Weg führt uns weiter die Straße hinab.

Es folgt mit 12 Prozent das steilste Gefälle der Tour. Wir passieren eine Serpentine und kommen zu einem Kreisverkehr, an dem wir geradeaus auf der Autostraße Richtung Schöllbronn fahren. Bei der ersten Möglichkeit biegen wir rechts ein auf den Fahrradweg, der uns abwärts führt. Rechts liegt die **Schöllbronner Mühle.** Der Weg geht in Schotter über. Etwa 1 Kilometer radeln wir nun durch das liebliche Tal der Moosalb, die uns rechts begleitet. Dann fahren wir über die **Moosalbbrücke –** hier sind wir mit etwa 200 Metern am tiefsten Punkt der Tour – und überqueren die Moosalbtalstraße, um etwas nach links versetzt vor dem ersten

Trinkwasserquelle

Gebäude rechts hineinzufahren. Links sprudelt uns nun munter die Alb entgegen. An einer Weggabelung fahren wir links abwärts und bleiben am Flüsschen. Wer will, kann an die **6 Alb** hinabgehen und sich dort die Radlerfüße kühlen. Nach der wunderschönen und erfrischenden Pause an der Alb haben wir noch knapp 9 Kilometer vor uns. Bei der nächsten Möglichkeit, abwärtszufahren, gut 1,5 Kilometer hinter der letzten Gabelung, bleiben wir oben. Links unterhalb liegt der Bahnhof Marxzell. Wo der Waldweg endet, biegen wir rechts ab auf die **Burbacher Straße,** respektive die K 3554, der wir ein Stück folgen. In der Rechtskurve fahren wir vorsichtig geradeaus. Rechts steht auf einem Stein „Waldweg Frauenalb" geschrieben. Außerdem lernen wir etwas über die Historie. Erzherzog Karl hat hier einst gekämpft. Er zog im Koalitionskrieg nach der Schlacht der österreichischen gegen die französischen Truppen bei Malsch im Juli 1796 durch das Albtal.

Klosterruine Frauenalb

Nach einiger Zeit kommt rechter Hand eine **Trinkwasserquelle,** die selbst im Sommer noch Wasser spendet. Wir erquicken uns am frischen Nass und füllen unsere Trinkflaschen auf. Ab der Quelle sind es noch gut 5 Kilometer. Auch wenn man aufgrund der Länge des

Anstiegs nun vielleicht schieben muss, so kommt einem doch der Waldschatten zu Hilfe. An einer T-Kreuzung geht es links abwärts nach Frauenalb und an der darauffolgenden nochmals links **abwärts.** Linker Hand sehen wir nun die **7 Klosterruine Frauenalb** vor uns.

*Um das Jahr 1180 stiftete Eberhard III. von Eberstein zusammen mit seiner Mutter Uta das **Kloster Frauenalb** als adliges Benediktinerinnenkonvent. Heute finden im Kloster Klassikkonzerte ebenso statt wie Gospelauftritte und Theateraufführungen.*

Wir stellen unsere Räder ab und besichtigen das Areal. Über das Gelände erreicht man auch den **8 Landgasthof König von Preussen.** Ausflügler, die uns begegnen, empfehlen uns den Gasthof, der Spezialitäten wie die Schwarzwaldforelle oder Wild aus heimischen Wäldern bietet, nur wollen wir lieber am Tourende einkehren. Weiter geht es nach der Besichtigung in den Graf-Rhena-Weg. Wir gelangen an die **9 historische Grenze des Großherzogtums Baden mit Württemberg.** Württemberg und Baden haben sich einst immer

Landgasthof König von Preussen

Historische Grenze

wieder um Herrenalb gezankt. 1497 übernahmen sie gemeinsam die Schirmherrschaft über Herrenalb. Solcherart mit Wissen bereichert, kommen wir an die K 4331, auf der wir links abwärts nach Bad Herrenalb weiterfahren. Wir überqueren die Bahnschienen, wechseln auf die andere Seite nach rechts auf den Gehweg und radeln am Parkplatzschild rechts abwärts Richtung Bahnhof und Tennisplätze. Entlang der Alb rollen wir vorbei an der **10 Siebentäler Therme Bad Herrenalb,** die im Anschluss auch noch einen Besuch wert sein könnte, und an einem Parkplatz bis zum Bahnhof. Bevor wir diesen herrlichen Ausflug beenden, radeln wir nach Bad Herrenalb hinein zum **11 Restaurant Zur alten Post,** an dem wir zu Beginn der Tour schon vorbeigefahren sind, und lassen uns zum Beispiel den Kurteller – frisches Marktgemüse und Kartoffeln in der Pfanne geschwenkt, mit Pesto verfeinert – schmecken. Eine Kur für die Seele war dieser Ausflug allemal!

Im Restaurant Zur alten Post

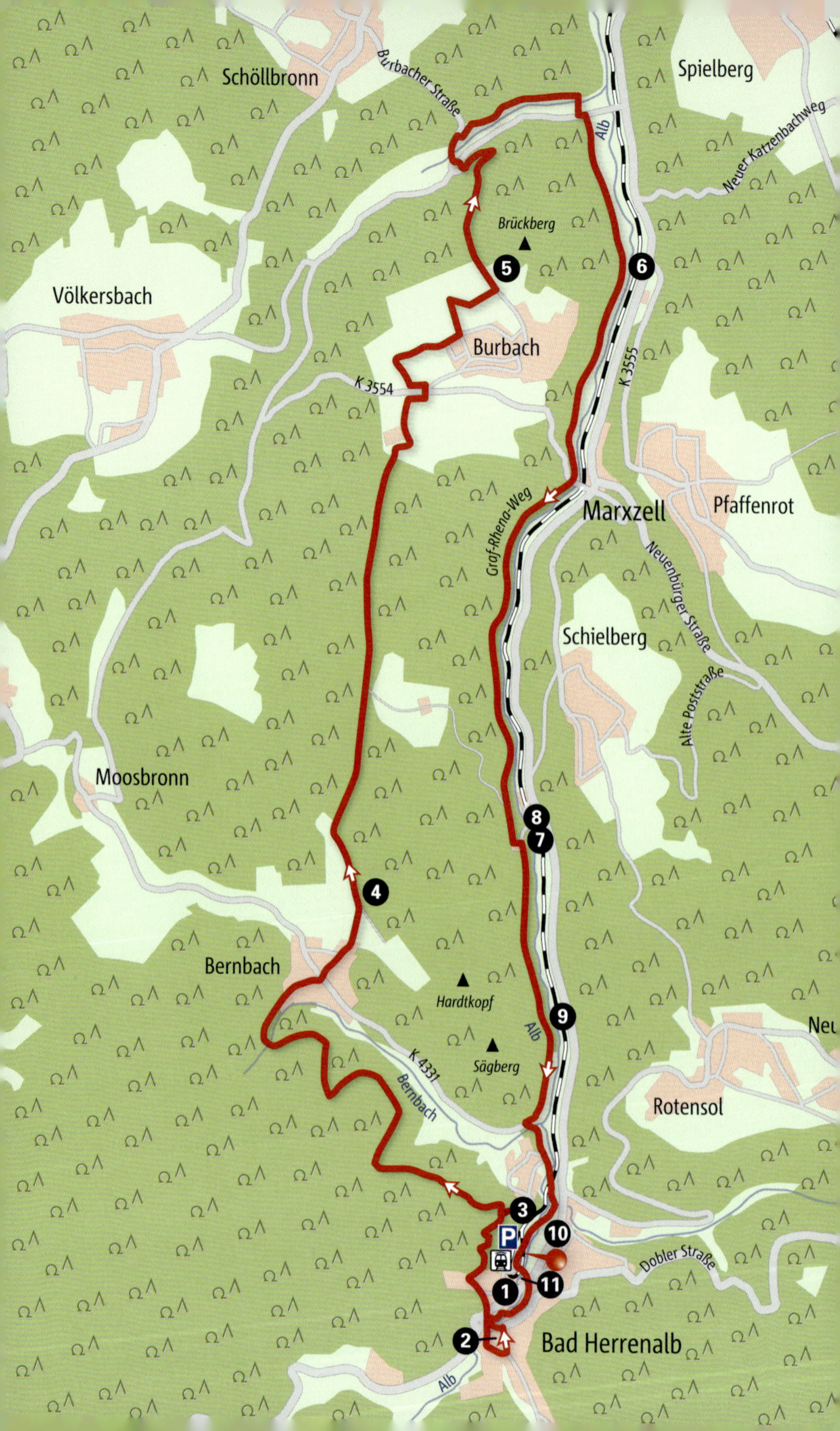
Schöllbronn
Burbacher Straße
Spielberg
Alb
Neuer Katzenbachweg
Brückberg
5
6
Völkersbach
Burbach
K 3554
K 3555
Marxzell
Pfaffenrot
Graf-Rhena-Weg
Neuenbürger Straße
Schielberg
Alte Poststraße
Moosbronn
8
7
4
Bernbach
Hardtkopf
9
Alb
K 4331
Sägberg
Bernbach
Rotensol
3
P
10
11
1
Dobler Straße
2
Bad Herrenalb
Alb

ALLES AUF EINEN BLICK

Entspannung 4/5
Abenteuer 4/5
Vielfalt 3/5

WIE & WANN

Vorwiegend asphaltierte Radwege, einige Schotterwege und kurze Abschnitte auf Autostraßen; Frühling bis Herbst.

HIN & WEG

Auto: Parkplatz am Bahnhof Bad Herrenalb, Bahnhofstraße, 76332 Bad Herrenalb
ÖPNV: Bahnhof Bad Herrenalb

ESSEN & ENTSPANNEN

5 **Café Lola,** Am Windeck 1, 76359 Marxzell-Burbach, Tel. (0 72 48) 9 29 40 90, www.cafe-lola-burbach.de

8 **Landgasthof König von Preussen,** Klosterstraße 8, 76359 Marxzell-Frauenalb, Tel. (0 72 48) 16 17, www.koenig-von-preussen.eu

10 **Siebentäler Therme Bad Herrenalb,** Schweizer Wiese 9, 76332 Bad Herrenalb, Tel. (0 70 83) 9 25 90, www.siebentaelertherme.de

11 **Restaurant Zur alten Post,** Kurpromenade 35, 76332 Bad Herrenalb, Tel. (0 70 83) 9 35 97 10, https://gaststaette-zur-alten-post-bad-herrenalb.eatbu.com

ENTDECKEN & ERLEBEN

1 **Kurpark Bad Herrenalb**
2 **Klosterruine Bad Herrenalb**
3 **Falkenstein**
4 **Blick zum Tannschach**
6 **Alb**
7 **Klosterruine Frauenalb**
9 **Historische Grenze Großherzogtum Baden und Württemberg**

Naturdenkmal Tanne

Im Grünen

Ab Pfalzgrafenweiler ins Zinsbachtal

Sandsteintorbogen von 1548

Den Parkplatz in **Pfalzgrafenweiler** im Rücken starten wir unsere Tour nach rechts über die Burgstraße. Vor dem Rathaus biegen wir links auf den **Marktplatz** ein. Nach ein paar Metern verlassen wir den Pflastersteinweg auf die Schulstraße, an deren Ende wir rechts in die **Lange Straße** abbiegen. Im Straßenverlauf erreichen wir einen Kreisverkehr und fahren weiter geradeaus Richtung Bauhof. Wir folgen der Porschestraße durch eine Rechtskurve und fahren auf Höhe der Abzweigung **Heinkelstraße** nach links auf den für Radfahrer und Fußgänger gekennzeichneten Weg. Wir überqueren die L 353 und bleiben weiter auf dem Radweg. An der Dieselstraße biegen wir links ab und strampeln aufwärts. Wir durchfahren eine Rechtskurve und zweigen hinter dem Bekleidungsgeschäft Schwarz links ab auf den Radweg, der uns über die L 404 hinwegführt. Vor uns erstreckt sich jetzt die schöne Baumlandschaft des Nordschwarzwaldes. Wir fahren auf dem **Schwendeweg,** einem gut zu fahrenden Schotterweg. Es geht leicht abwärts, wir können uns gemütlich rollen lassen und entspannen. An der nächsten Weggabelung biegen wir links ab und bleiben somit weiterhin auf dem Schwendeweg. Der Schotterweg endet an einer T-Kreuzung, an

Kilometer: 26

Höhenmeter: 320

Stunden: 2

RUNDTOUR

Am Zinsbach

der wir rechts auf den asphaltierten Weg abbiegen. Etwa 350 Meter weiter stoßen wir linker Hand auf einen Schotterweg, der uns ebenfalls abwärts auf einen Abstecher zur ehemaligen ❶ **Wallfahrtskapelle Unsere liebe Frown Zinßbach** führt.

Zudem können wir uns über **Das Mariengärtlein im Zinsbachtal** informieren. Der Schwarzwaldverein hat zusammengetragen, was es mit der Symbolik der Marienpflanzen vor vielen Hundert Jahren auf sich hatte. Wir stoßen heute – einem Sonntag gegen 11 Uhr – auf einen Gottesdienst unter freiem Himmel. In der Predigt hören wir, dass der Schwarzwaldverein die Gemeinschaft hier an der Kapelle ermöglicht. Nicht unerwähnt bleiben sollte Orkan Lothar und seine Auswirkungen. Er wütete am 26. Dezember 1999 über Mitteleuropa und zerstörte viel Wald. Allerdings legte er auch mehr oder weniger den Standort der ehemaligen Zinsbachkapelle frei. Hier hat einmal das Schlechte auch etwas Gutes zutage gefördert

Mit guten Gedanken fahren wir zurück zum Abzweiger und radeln den asphaltierten Weg links abwärts. Links hinter der Leitplanke verbirgt sich der **Zinsbach.** Manchmal grasen Schafe auf den Uferwiesen

Für die Seele

An einer Wallfahrtskapelle halten wir inne und suchen anschließend den Kohlmühlen-Wunschstein auf.

*Nahezu magisch mutet der Ort an, an dem die ehemalige **Wallfahrtskapelle Unsere liebe Frown Zinßbach** mit Pfründhaus, Herberge und Mühle am Zinsbach bis ins 16. Jahrhundert stand. Man pilgerte hier zum Apostelgrab des heiligen Jakobus dem Älteren.*

Kohlsägemühle

Gaststätte Kohlsägemühle

und runden mit ihrem Dasein das schöne Landschaftsbild ab. Dann geht es ein paar Meter aufwärts, wir stoßen auf ein Schildermeer und orientieren uns nach rechts Richtung Pfalzgrafenweiler. Wir fahren nun im Schatten der Bäume, der Zinsbach fließt rechts von uns. Unterwegs kann man gerne auf einer Bank Platz nehmen und sich einfach nur am Grün der Natur erfreuen. Bald kommen wir an zwei hintereinanderliegende Weggabelungen. An der ersten biegen wir rechts ab Richtung **Spielberg,** an der zweiten bleiben wir dann links auf dem oberen Weg. Hier an den Weggabelungen lohnt es sich, kurz vom Rad zu steigen und sich umzuschauen, um sich an der hübschen Landschaft zu erfreuen. Von Zeit zu Zeit schmücken Pferde die Kulisse. Wir kommen an der **Zinsbachstube** vorbei, die leider dauerhaft geschlossen bleibt. Am nächsten T-Stück biegen wir an der ❷ **Kohlsägemühle** rechts ab.

In der ❸ **Gaststätte Kohlsägemühle** legen wir eine Kaffeepause ein, bevor wir unseren Weg fortsetzen. Ach, ist das herrlich hier! Ruhig und grün und einladend. Man muss genau hinschauen, dann entdeckt man herzliche Details und damit ist nicht nur das Herz im Cappuccinoschaum gemeint. Es gibt nämlich

*Die **Kohlsägemühle** oder auch Bauernsäge befindet sich am Eingang zum Zinsbachtal. Waldbauern aus der Gegend betreiben die historische Mühle, die 2014 ihr 400-jähriges Bestehen feierte. Es gibt Mühlenführungen mit Schausägen.*

den **Kohlmühlen-Wunschstein.** Zur Erklärung heißt es: „Berühre mich und wünsch Dir etwas." Das tun wir und bleiben eine lange Weile, die uns entschleunigt. Prima, dass es Menschen gibt, die solche Örtlichkeiten aufrechterhalten. Dann setzen wir die Fahrt fort. An der Weggabelung fahren wir links aufwärts und stoßen auf eine Serpentine der K 4357, der wir nach links aufwärts folgen. Nach der Stärkung eben im gemütlichen Ambiente schaffen wir die paar Minuten 5-prozentige Steigung recht gut. In der nächsten Rechtsserpentine geht es für uns am Schild „K 4357" links auf einen geteerten Waldweg. Jetzt folgt eventuell ein kleines Stück zum Schieben. Wer schiebt und dadurch langsamer unterwegs ist, dem fallen die Waldhimbeeren am Wegesrand vielleicht auf und er nascht ein wenig. Und dann erstreckt sich rechter Hand eine atemberaubende Weite vor unserem Auge. Wir halten an und genießen die Aussicht über die Wiesen oder wir erfreuen uns einfach schweigend an den ziehenden Wolken.

Garrweiler liegt nun rechts von uns. Wir fahren geradeaus und kommen als Nächstes nach **Grömbach,** das etwa in der Mitte der Tour liegt. Im Ort fahren wir die Untere Straße entlang und biegen an deren Ende links in die **Erzgruber Straße** ein. Auf ihr radeln wir gut 1,3 Kilometer, halten uns rechts, wo die Autofahrer nach links Richtung Kälberbronn und Seewald-Erzgrube abgeleitet werden, und erreichen dann den Waldrand. Hier geht sowohl rechts als auch links ein Schotterweg ab; wir nehmen den linken. Im Wald fahren wir auf dem **Unteren Waldwiesenweg.** Irgendwann im Wald erreichen wir den höchsten Punkt der Tour, er liegt bei etwa 690 Metern. In der Nähe steht eine Bank, die nach dem Aufwärtsstrampeln etwas Ruhe verspricht. Dabei fällt uns das Blätterrauschen auf, dem wir eine Zeit lang gedankenverloren lauschen.

Wenige Meter dahinter gelangen wir an eine Kreuzung und biegen links ab Richtung Edelweiler. Nun heißt es wieder: entspannt rollen lassen. An den nächsten Kreuzungen fahren wir stets geradeaus bis nach **Edelweiler,** bald auf einem asphaltierten Weg. Vor uns erstreckt sich das Landschaftsschutzgebiet **Zinsbachtal.** Im Ort kommen wir an ein Vorfahrt-beachten-Schild, fahren dort die Straße Edelhalde etwa 100 Meter rechts abwärts und zweigen dann hinter der Langwiesentalstraße in den etwas schmaleren **Sägmühlesteig** rechts ab. Wir fahren auf Schotter abwärts und stoßen bald auf das **④ Naturdenkmal Tanne,** das wir kurz in Augenschein nehmen. Kurz dahinter lassen wir uns am Schild

Hotel-Restaurant Waldsägmühle

„Zinsbachtalweg" vom grünen Rad auf weißem Grund nach links leiten, überqueren einen schmalen Bach, der zum Zinsbach fließt, und fahren dann im Zinsbachtal wieder aufwärts. 4 Kilometer vor Ende der Tour erreichen wir das 5 **Hotel-Restaurant Waldsägmühle,** eine gute Gelegenheit, um zu Mittag zu essen. Wir parken die Fahrräder in „Waldsägers Drahteselgarage" und lassen uns nun zum Beispiel gebratenes Forellenfilet mit Petersilienkartoffeln und Mandelbutter oder das Mühlentöpfle – Medaillons vom Landschwein, dazu Marktgemüse, handgeschabte Spätzle und Waldpilzsoße – schmecken.

Gestärkt gehen wir die letzten Meter zum Ausgangspunkt an. Vom Radparkplatz blicken wir auf das Hotel und fahren links bergab, entgegengesetzt dem grünen Rad auf weißem Grund, auf der K 4729. Das Hotel liegt nun rechts von uns. Nach etwa 500 Metern geht links ein Waldpfad bergab; an Bäumen angeschlagen stehen Hinweise auf einen Rundweg, **Pfalzgrafenweiler** sowie Herzogweiler und Burrweiler. An der nächsten T-Kreuzung müssen wir nach links, ebenso an der nächsten Kreuzung, nun auf asphaltiertem Weg

steil abwärts. Nach wenigen Metern biegen wir rechts ein auf einen Schotterweg und an der nächsten Gabelung wieder rechts in den **Russenbuschweg,** nun wieder bergauf. Sobald wir aus dem Wald herauskommen, empfängt uns eine wunderbar wohltuende Weite. Rechter Hand erfreuen sich Hühner an ihrem Freilauf, linker Hand sieht man in der Ferne Windräder. Wo der asphaltierte Weg nach links abzweigt, fahren wir nach rechts auf Schotter. Es folgt ein weiteres Hühnerhaus; gegenüber kann man auf einer Bank Platz nehmen und den Hühnern beim Picken zuschauen. Ob die Bank Hühnerbank heißt? Wir überqueren die L 404 und fahren geradeaus weiter auf der Christoph-Decker-Straße. An deren Ende biegen wir links ab in die **Burgstraße** zur Festhalle. Sogleich erblicken wir rechter Hand den Parkplatz und unser Auto.

Nagold
Im oberen Tal
Grömbacher Straße
Garrweiler
3
2
Dürrbach
Grömbach
Zinsbach
K 4727
K 4728
K 4726
Wörnersberg
Spielber
Pfalzgrafenweiler Straße
1
Edelweiler
K 4726
4
Zinsbach
L 404
Pfalzgrafenweiler
5
H
P
Durrweiler

ALLES AUF EINEN BLICK

Entspannung

Abenteuer

Vielfalt

WIE & WANN

Vorwiegend asphaltierte Radwege und Schotterwege, ein kleines Stück Waldpfad sowie kurze Abschnitte auf Autostraßen; Frühling bis Herbst.

HIN & WEG

Auto: Parkplatz an der Bushaltestelle ZOB Pfalzgrafenweiler, Burgstraße 31, 72285 Pfalzgrafenweiler

ÖPNV: Haltestelle ZOB Pfalzgrafenweiler (bitte vorab über Möglichkeiten zur Fahrradmitnahme im Bus informieren)

ESSEN & ENTSPANNEN

3 **Gaststätte Kohlsägemühle,** Kohlmühle 3, 72213 Altensteig, Tel. (0 74 53) 9 50 31 03, www.kohlsaegemuehle.online

5 **Hotel-Restaurant Waldsägmühle,** Waldsägmühle 1, 72285 Pfalzgrafenweiler-Kälberbronn, Tel. (0 74 45) 8 51 50, www.waldsaegmuehle.de

ENTDECKEN & ERLEBEN

1 **Wallfahrtskapelle Unsere liebe Frown Zinßbach**

2 **Kohlsägemühle**

4 **Naturdenkmal Tanne**

G2400

Gemütlich

Am Schluchsee im Hochschwarzwald

Am Pfingstsonntag starten wir in **Grafenhausen** am Brunnen Galgenvogel, der Symbolfigur der Grafenhausener Fasnet, fahren den **Kirchsteig** aufwärts und kommen gleich ins Schwitzen. Nach den ersten Metern entdecken wir auf Höhe des Friedhofs die Beschilderung „Schluchsee und Rothaus", nach der wir uns richten. Am Vorfahrt-beachten-Schild biegen wir links ein auf die Schaffhauser Straße und sehen unseren Wegweiser: das **grüne Rad auf weißem Grund.** Hinter einer Rechtskurve, auf Höhe des Supermarktes, können wir links auf den Radweg wechseln. Er geht in einen Gehweg über, aber wir nutzen ihn trotzdem, denn er ist auch gleich wieder für Fahrradfahrer freigegeben. An einer Gabelung folgen wir weiter der Ausschilderung Schluchsee und Rothaus nach links und lassen einen Parkplatz rechts von uns liegen.

Rathaus Grafenhausen

Das war es erst mal mit bergan strampeln. Aufgewärmt genießen wir nun den Blick in die grüne Weite. Zügig erreichen wir **Brünlisbach** und können nun hinuntersausen. Weiter rechts am Hang sehen wir die Rothaus Brauerei, in die wir am Tourende einkehren möchten. An einer Kreuzung missachten wir das grüne Rad und fahren geradeaus Richtung **Seebrugg** und Schluchsee Ort. Der Schotterweg ist gut zu fahren; am Wegesrand zeigt sich kniehohes Gras, bunt betupft durch Wiesenblumen, und vor uns ragt der schöne Tannenwald auf. Trotz

Kilometer: 31,5
Höhenmeter: 370
Stunden: 3
RUNDTOUR

Am Schluchsee

eines Feiertages sind wir hier am späten Vormittag allein unterwegs. Ein kurzes Stück müssen wir auf der L 170 nach links fahren, wechseln dann aber wieder auf einen Schotterweg, der rechts neben der Straße aufwärtsführt. Nach kurzer Anstrengung geht es bald eben weiter und dann wieder bergab. Wir wechseln erneut die Straßenseite, biegen danach links ab und an der nächsten Weggabelung gleich wieder rechts. Schnell stoßen wir wieder auf die L 170, fahren nach links vor bis zur Kreuzung mit der B 500, die wir nach links auf einen Radweg überqueren, der ein kurzes Stück neben der B 500 entlangführt. Und dann sehen wir rechter Hand das Blau des ❶ **Schluchsees.**

*Der **Schluchsee** ist der größte See in Baden-Württemberg und wird heutzutage auch mit Rheinwasser befüllt. Ursprünglich war er ein Gletschersee des Feldberg-Gletschers. Will man ihn umrunden, muss man etwa 18 Kilometer zurücklegen.*

Der Blauschimmer macht sich gut durch die begrünten Bäume. Bei Blau könnte man aber auch an eine Geschichte aus der Vergangenheit denken, als die deutsche Fußballnationalmannschaft 1982 ihr Trainingslager zur Vorbereitung auf die Weltmeisterschaft in Spanien am Schluchsee aufschlug. Der damaliger Trainer Jupp Derwall ließ den Spielern viel Freiheit; einige übertrieben es mit dem Alkoholkonsum und so wurde der Schluchsee bundesweit unter dem Namen „Schlucksee“ bekannt. Inzwischen hat sich der Schluchsee zu einem großen Bade- und Wassersportzentrum im Schwarzwald entwickelt. Surfer, Segler, Taucher und Angler – alle kommen auf ihre Kosten.

Schnell erreichen wir die **2 Talsperre Schluchsee** und überqueren die Staumauer nach rechts. Hier erfahren wir Interessantes über die Entstehung des Schluchsees und mehr. Hinter der Brücke treffen wir rechts auf MÜLLERS Bootsvermietung am Schluchsee und auf **3 FLORIS an der Staumauer.** Eine Gelegenheit, bei einem Eis im Liegestuhl Platz zu nehmen, auf den See zu schauen und Touristen in Tretbooten zu beobachten. Auch wenn man kein Eis möchte, empfiehlt es sich, den kurzen Fußweg zur **Staumauer** hinunterzulaufen und sich beeindrucken zu lassen.

Für die Seele

An der Schluchseestaumauer lassen wir angestaute Alltagslast zurück und erkunden den romantischen See.

Weiter geht es für uns hinter der Brücke links. Wir sausen abwärts und fahren dann rechts dem Schild „Schluchsee“ 12 Kilometer nach. Unsere angestaute Alltagslast lassen wir gerne an der Staumauer zurück. Am Spielplatz in Blasiwald biegen wir rechts ab und fahren bald auf dem **Unterkrummenweg.** Schwarzwald-

Staumauer

Vesperstube Unterkrummenhof

romantik kommt uns in den Sinn. An einem Stein am Wegesrand finden wir das Wort **Magdalenenquelle** in Stein gemeißelt, aber weder sehen wir Wasser, noch hören wir ein Plätschern, dafür wächst ein Baum aus einem Stein – so jedenfalls sieht es aus. An zwei Kreuzungen folgen wir dem Radschild, einmal geradeaus, dann abwärts auf den Seeweg. Inzwischen merken wir den Feiertag; hier sind viele Fußgänger, Wanderer und Radler unterwegs. Wir erreichen die **4 Vesperstube Unterkrummenhof** und genehmigen uns ein Radler. Kleiner Tipp: Am Hof vorbei stehen oben am Hang eine Art Strandkörbe, in denen man meist schattig mit Blick auf den Schluchsee sitzt. Wir haben heute Glück und genießen diese Auszeit sehr!

Nach dem Radler setzen wir unsere Seerunde, dem Radweg folgend, fort und genießen die sich immer wieder durch Uferbüsche und -bäume bietenden Seeblicke. Schließlich kommen wir an eine Brücke. Hier – am westlichen Ende des Sees – haben wir etwa die Hälfte der Tour bewältigt. Wir fahren weiter, bleiben dabei auf dem Radweg etwas oberhalb des Sees und halten uns immer an die Beschilderung „Schluchsee“. So kommen wir in das Örtchen **Aha** hinein und müssen links durch eine Unterführung unter der B 500 hindurch, aber wir fahren zunächst ein paar Meter weiter, um die Segler auf dem Wasser zu bestaunen. Zudem gibt es hier einen **5 Kiosk am See,** an dem man sich ein Eis holen und ein paar Meter laufen oder sich an den See setzen und nur den Seglern zuschauen kann.

Zurück vom Abstecher nehmen wir nun die Unterführung und radeln auf gut befahrbarem Schotterweg etwas bergan. Unterwegs sollte man nicht vergessen, immer wieder nach rechts Richtung See zu schauen. Wir genießen eine Abfahrt auf asphaltiertem Weg, überqueren die L 156, fahren wieder Schotterweg und durch eine Unterführung unter der B 500 hinweg. Dahinter folgt eine scharfe Linkskurve dem Radweg nach und wir erreichen den heilklimatischen Kurort **Schluchsee.** Hier stoßen wir dann am Bahnhof Schluchsee auf einen weiteren Kiosk, **6 Die Seestation.** Die Straße weist uns links erneut durch eine Unterführung, wir biegen rechts ein in die **Faulenfürster Straße** und folgen ihrem Verlauf an der nächsten Abzweigung nach links.

Die Seestation

Badische Staatsbrauerei Rothaus

Am Ortsschild „Schluchsee“ nehmen wir den links an der Straße liegenden Radweg und strampeln weiterhin bergan. Dies ist die letzte große Steigung und sie hat es mit zeitweise 9 Prozent in sich! Glücklicherweise sind keine Autofahrer unterwegs, diese Straße scheint – zumindest von Motorisierten – nicht viel befahren zu werden.

So gelangen wir nach **Faulenfürst,** wo wir geradeaus weiterfahren, nicht ohne uns noch über die pittoreske Josefskapelle linker Hand zu freuen. Wir folgen der kaum befahrenen Autostraße weiter Richtung Rothaus, an der Kreuzung am Vorfahrtschild müssen wir rechts abbiegen. Jetzt erreichen wir **Dürrenbühl** und erblicken rechter Hand schon wieder eine putzige kleine Kirche, die St. Cyriakus gewidmet ist. Etwas später erreichen wir die **7 Badische Staatsbrauerei Rothaus** und den **8 Brauereigasthof Rothaus,** in dem wir essen wollen. Das geht beinahe schief, weil viel reserviert ist. Wer also abschätzen kann, wann er dort eintrifft, ruft besser rechtzeitig an. Es gibt aber auch eine Selbstbedienung, in der man bei viel Betrieb Platz findet. Wir bekommen einen Tisch im Inneren, genießen dort die Ruhe mit einem Fensterblick Richtung Rothauszapfen und lassen uns eine Forelle aus der Wutach schmecken. Dazu natürlich ein Rothaus-Bier.

Im Brauereigasthof Rothaus

Die Konzertsängerin Helene Siegfried ließ sich mit dem ***Hüsli*** *im Schwarzwald eine Sommerresidenz erbauen, in der sie nach dem Zweiten Weltkrieg wohnte, bis sie 100-jährig verstarb. Heute vermittelt es Einblicke in frühere Lebensweisen im Hochschwarzwald.*

Unser weiterer Weg führt über das Rothausgelände Richtung Kreisverkehr. Dort bestaunen wir die ⑨ **Rothauszapfen,** ein Kunstwerk von Stefan Strumbel aus dem Jahr 2016 mit dem Titel „Verstehen ist das Gefühl von Heimat“. Die Zapfen bilden das traditionelle Rothausmotiv ab. Die Frage, was Heimat ist, zieht sich durch die Werke des international bekannten Künstlers. Wir radeln an den Rothauszapfen vorbei und biegen links zum ⑩ **Heimatmuseum Hüsli** ab, um es zu besichtigen. Die Leiterin des Hüslis erzählt, dass 95 Prozent der Besucher wegen der TV-Serie Schwarzwaldklinik hierherkommen.

Mit Wissen bereichert verlassen wir das Hüsli, fahren zurück zur Hauptstraße, der wir kurz folgen. Links passieren wir den Eingang zum **Schlühüwanapark,** dessen geschnitzte Holzfiguren am Wegesrand stehen. Dahinter biegen wir links ein in den Schlüchtseeweg und fahren weiter zum ⑪ **Schlüchtsee.** Hinter dem kleinen See, auf Höhe des Sportplatzes, fahren wir rechts. Vor uns entfaltet sich ein wunderbarer Blick auf Grafenhausen, der unbezahlbar ist! An der nächsten Weggabelung radeln wir rechts abwärts in den Ort, wo wir links auf den Grundbachweg einschwenken. Dann heißt es aufgepasst: Am Hydranten hinter der Hausnummer 11 führt unser Weg rechts in einen schmalen Weg, der uns steil bergab zum Bächlein **Schlücht** bringt. Wer gegenüber ohne Schieben enden möchte, muss jetzt viel Schwung holen! Oben angekommen, führt unser Weg noch ein Stück aufwärts, dann sehen wir linker Hand wieder den Rathausplatz – unseren Ausgangspunkt. Bevor wir uns auf den Heimweg machen, genehmigen wir uns ein großes Eis aus der ⑫ **Bäckerei-Café Müller.** Ein süßer Abschluss nach einer genussreichen und romantischen Tour.

Rothauszapfen

Heimatmuseum Hüsli

Aha
500
Unterfischbach
L 156
Schluchsee
Dresselbach
Schluchsee
K 4967
Faulenfürst
Unterkrummenweg
Seebrugg
Blasiwald
500
K 4989
Brünlisbach
L 170
Schlücht
Grafenhausen

ALLES AUF EINEN BLICK

Entspannung 4/5
Abenteuer 3/5
Vielfalt 4/5

WIE & WANN

Asphaltierte Radwege, Schotterwege und ruhige Autostraßen; Frühling bis Herbst.

HIN & WEG

Auto: Parkplatz am Rathausplatz, 79865 Grafenhausen
ÖPNV: Bahnhof Seebrugg, von dort etwa 600 Meter in die Schlaufe der B 500. Dort Anschluss an die Tour.

ESSEN & ENTSPANNEN

3 **FLORIS an der Staumauer,** An der Staumauer 1, 79859 Schluchsee-Blasiwald, Tel. (0 15 90) 2 54 21 27, www.staumauer-schluchsee.de
4 **Vesperstube Unterkrummenhof,** Unterkrummenweg 3, 79859 Schluchsee-Unterkrummen, Tel. (0 76 56) 15 00, www.unterkrummenhof.info
5 **Kiosk am See,** Vorderaha 5, 79859 Schluchsee-Aha, Tel. (0 76 56) 9 88 78 14, www.kiosk-am-schluchsee.de
6 **Die Seestation,** Bahnhofstraße 1, 79859 Schluchsee, Tel. (0 76 56) 98 76 84
8 **Brauereigasthof Rothaus,** Rothaus 1–2, 79865 Grafenhausen-Rothaus, Tel. (0 77 48) 5 22 96 00, www.rothaus.de/genusswelt
12 **Bäckerei-Café Müller,** Kirchsteig 1, 79865 Grafenhausen, Tel. (0 77 48) 2 14, www.baeckerei-cafe-mueller.de

ENTDECKEN & ERLEBEN

1 **Schluchsee**
2 **Talsperre Schluchsee**
7 **Badische Staatsbrauerei Rothaus,** Rothaus 1, 79865 Grafenhausen-Rothaus, Tel. (0 77 48) 52 20, www.rothaus.de
9 **Rothauszapfen**
10 **Heimatmuseum Hüsli,** Am Hüsli 1, 79865 Grafenhausen-Rothaus, Tel. (0 77 48) 2 12, www.hüsli-museum.de
11 **Schlüchtsee**

Am Freiburger Münster

Land und Stadt

Dreisamradweg bei Freiburg

An einem Vorfrühlingstag im März starten wir ab dem **Hauptbahnhof Freiburg** und fahren das Bahnhofsgebäude im Rücken rechts die Bismarckallee auf dem Fahrradweg entlang. Hinter dem Busbahnhof biegen wir links ab in die Wilhelmstraße Richtung Innenstadt. Herrschaftliche Altbauten umgeben uns. Am Kreisverkehr folgen wir dem **weißen Rad auf blauem Grund,** überqueren erst eine Brücke über die Dreisam, dahinter die Straßenbahnschienen nach links und fahren dann halb rechts in die **Goethestraße.** Beim Goetheplatz folgen wir dem grünen Rad auf weißem Grund links, rechts, links in die Schwaighofstraße: eine Wohngegend zum Sofort-Einziehen. Wir fahren immer geradeaus in die Türkenlouisstraße, dann rechts in die **Waldseestraße** aufwärts und gleich die erste Möglichkeit rechts in den Wald hinein. Es geht hurtig bergauf; wer hier nicht gleich Schwung holt, muss schieben. Allerdings ist dieser kleine Teil die einzig wirklich nennenswerte Steigung der gesamten Tour.

Oben angekommen, biegen wir links ein in die Wallfahrtstraße Richtung **Deichelweiher St. Valentin.** Wir dürfen einen Schotterwaldweg entlangrollen und nehmen im Verlauf die Linkskurve abwärts. Links durch die Bäume erspähen wir das **Münster von Freiburg,** das wir am Tourende besuchen werden. Wenn wir links einen Fußballplatz sehen, fahren wir rechts auf dem asphaltierten Weg weiter. Kurz dahinter erreichen wir den Oberen und Unteren Deichelweiher, der zum Pausieren und Entspannen einlädt. Nach den ersten anstren-

Kilometer: 39,7

Höhenmeter: 320

Stunden: 3

RUNDTOUR

genden Metern rauscht man nun auf der **Waldseestraße** an den Bahnschienen nur so entlang, vorbei an Minigolf- und Tennisplätzen – die Freiburger sind sportlich. Hier wird gejoggt, geradelt, gewalkt und gewandert. Rechts sehen wir einen Verkehrsübungsplatz, der Lust macht, das Bobbycar® aus Kindertagen auszupacken und durchzustarten. Wir passieren auch die Freiburger Fußballschule und folgen dem asphaltierten Fahrradweg. Als Radfahrer dürfen wir nun die **Littenweilerstraße,** eine Einbahnstraße, ausdrücklich erlaubt verkehrt herum fahren. Am Ende radeln wir rechts in die Lindenmattenstraße und gelangen sodann in die **Alemannenstraße.** Diese fahren wir ebenfalls bis fast zu ihrem Ende durch Littenweiler hindurch, biegen hinter einem linker Hand liegenden Bolzplatz links ein und wenige Meter weiter rechts in die Kirchzartener Straße. Ein Stückchen weiter erreichen wir **Kappel** und sehen vor uns die Berge. Im Ort fahren wir rechts in die Neuhäuserstraße und durch den gleichnamigen Ortsteil. Hinter Neuhäuser freuen wir uns an der **Dreisam,** die ein Stück weit links neben uns fließt.

Deichelweiher

*Die 29,7 Kilometer lange **Dreisam** entsteht bei Kirchzarten aus dem Zusammenfluss zweier Quellbäche, durchfließt Freiburg und mündet bei Riegel am Kaiserstuhl in die Elz. Ihr Name stammt aus dem Keltischen und bedeutet „die sehr Schnelle".*

Wir folgen dem asphaltierten Weg und biegen links ein in **Am Engenberg.** Am Ende der Straße halten wir uns rechts: hier geht es für die Autofahrer in 21 Kilometern nach Todtnau. Auf dem Fahrradweg radeln wir erst über eine Radlerbrücke, dann durch einen Fahrradtunnel und erreichen auf der Freiburger Straße das schmucke **Kirchzarten.** Hier schauen wir uns etwas um, queren über eine Brücke den Zastlerbach und schlendern ein paar Meter die Hauptstraße entlang. Nach dem Besuch des Städtchens biegen wir vor der

Brücke über den Zastlerbach links in die **Dietenbacher Straße** ein und fahren an dem Bächlein entlang. Die Dietenbacher Straße führt uns über eine Brücke über den Bach, hinter der wir links in den Grünstreifen abbiegen und am Dreisambad vorbeikommen. Wir folgen dem Radschild Richtung ❶ **Dreisamtal-Radweg.** Wo wir wieder auf die Dietenbacher Straße treffen, entdecken wir rechts die ❷ **Black Forest Studios.**

Wir folgen dem Dreisamtal-Radweg unter der Unterführung hindurch, bald überqueren wir die Brugga und entdecken den ❸ **Landgasthof Rössle,** in dem man wunderbar draußen sitzen kann. Hinter dem Ortsausgangsschild Dietenbach biegen wir links ein. Auf dem weiteren Weg folgen wir dem **grünen Rad auf weißem Grund,** das uns in Geroldstal nach links zur L 126 führt, die wir überqueren. Wir schwenken nach rechts auf den Radweg ein. Hier lachen uns die Schwarzwald-

Für die Seele

Vogelzwitschern und Wasserrauschen – das Radeln entlang der Dreisam verwirbelt den Alltagsstress.

Am Krumbach

höhen an und die Sonne strahlt uns ins Gesicht – willkommen Frühling! Wir erreichen die Gemeinde **Oberried** und biegen schon vor dem Ort in die Hauptstraße ein, die etwas weiter mit links abknickender Vorfahrt in die Talstraße übergeht. Als Nächstes werden wir das Tal auf der anderen Seite zurückradeln. An einem Wanderschild Richtung **Unterm Kasteleck** biegen wir links ein und gelangen auf gut befahrbarem Schotterweg zu einer T-Kreuzung, wo wir links abzweigen. Nun sausen wir über den Asphalt bergab, bis wir an der nächsten T-Kreuzung links in die Weilersbachstraße einbiegen und am gleichnamigen rechts von uns fließenden Wasser entlangradeln. Nachdem wir hinter einer Brücke über den Zastlerbach erst rechts, dann – wieder über den Bach – links abgebogen sind, stoßen wir auf den schönen **4 Landgasthof zum SCHÜTZEN,** vor dem erfreuli-

*Die **Black Forest Studios** unterstützen nachhaltige Filmproduktionen und sind das erste wirklich grüne Studio Europas. Der oscarprämierte Dokumentarfilm des kanadischen Regisseurs Daniel Roher über den Kreml-Kritiker Alexej Nawalny wurde hier produziert.*

Landgasthof Rössle

cherweise Regiomaten bereitstehen, die auch Currywurst oder Königsberger Klopse im Glas anbieten. Das müssen wir probieren, in der Radtasche ist Platz!

Im Anschluss dürfen wir ein kurzes Stück im Wald fahren. An der Kreuzung folgen wir nicht dem **Dreisamtal-Radweg,** sondern fahren geradeaus, erst wieder durch Wald, dann eine hübsche Allee entlang. Wir kommen erneut an eine T-Kreuzung, biegen rechts ein und sind nun wieder auf dem asphaltierten Dreisamtal-Radweg. Rechts am Hang sehen wir eine Kapelle, die Pilgergaststätte St. Laurentius auf dem Giersberg in Kirchzarten, unterwegs hatten wir schon den zugehörigen Pilgerpfad für Wanderer entdeckt. Der Dreisamtal-Radweg macht am Friedhof Giersberg einen Knick nach links. Am Wegende geht es nach rechts in die Höfener Straße. Wir rollen durch das Dorf **Burg-Höfen,** auf **Burg-Birkenhof** zu. Dort entdecken wir das Häuschen **„Ulrike's Kräuter & mehr"** – mehr, das sind zum Beispiel Nussecken, die uns so wie die Marmeladen anlachen, auch dafür ist in der Radtasche Platz. Zum Glück haben wir genügend Münzen eingesteckt, sodass wir passend zahlen können.

Wir erreichen **Burg,** überqueren den Höllenbach und folgen dem Radschild nach rechts. Nach einem Anstieg biegen wir links ab, fahren unter der B 31 hindurch Richtung Himmelreich – klingt verlockend. Dann geht es vor dem **Bahnhof Himmelreich** nach links Richtung St. Märgen und Buchenbach. Wir kommen an eine Gabelung, nehmen den Radweg entlang der

Ulrike's Kräuter & mehr

In der Rainhof Scheune

Schienen rechts aufwärts über die L 128 und werden nach links weg nach Burg zur **5 Rainhof Scheune** geleitet, wo wir nach etwa zwei Dritteln der Tour eine wohlverdiente Pause machen. Gratinierter Ziegenfrischkäse mit Ratatouille und Couscous oder auch die Rösti Raclette mit Gemüse und Champignons gratiniert, dazu Bibeliskäs und Salat – das zergeht gerade so auf der Zunge. Die Kuchentheke lockt ebenso – und was das Gute ist: Das letzte Drittel der Tour wird nicht anstrengend, es geht leicht bergab, Schlemmen werden wir also hinterher nicht bedauern.

Nach der wunderbaren Stärkung schauen wir uns noch nebenan in der **6 Rainhof Marktscheune** um, in der unter anderem hochwertige, regionale Produkte angeboten werden. Die 1790 erbaute Rainhof Scheune war einst eine wichtige Umspannstation für Kutschen, die zwischen Frankreich und Österreich unterwegs waren. Dann fahren wir wieder zurück bis hinter die Brücke über die L 128 und an der Gabelung in spitzem Winkel rechts bergab bis vor die Straße. Dort biegen wir rechts Richtung Buchenbach ab und schwenken

Rainhof Marktscheune

schließlich etwa 700 Meter weiter links nach **Unterriedental** in die Burger Straße. Wir fahren nun allmählich wieder zurück in Richtung Freiburg. Unser Rad rollt auf der Burger Straße fast von allein, sodass wir den Blick auf die Schwarzwaldberge vor uns richten können, die ein paar Windräder tragen. Am Ende der möglichen Sausetour überqueren wir an einer T-Kreuzung die K 4909, die hier Ibentalstraße heißt, nach links Richtung **Burg am Wald.** Links genießen wir einen traumhaften Blick auf die Berge. Gleich am Anfang von Burg am Wald biegen wir an der Mühlenstraße rechts ab Richtung Oberbirken. Es geht mal etwas bergab, dann ein bisschen rauf und plötzlich sind uns die Windräder auf dem Berg gegenüber etwas näher gekommen. Wir erreichen **Stegen,** folgen dem grünen Rad auf weißem Grund an der T-Kreuzung nach links, am Gasthaus Sonne nach rechts in die Gasse **Im Gäßle** und an deren Ende wieder links in die Schulstraße. Nach Freiburg sind es noch 10 Kilometer.

Das nächste Hinweisschild für Radler entdecken wir gegenüber der Bushaltestelle Stegen Dorfplatz und lassen uns von der Ausschilderung Richtung Freiburg durch Stegen führen. Zunächst rechts, am Kreisverkehr links in die Hauptstraße, dann die nächste Möglichkeit rechts über den **Eschbach** und wieder links. Und schon sind wir wieder in der Natur. Wir radeln nun erneut auf dem Dreisamtal-Radweg, der uns über einen gut befahrbaren Schotterweg nach Wittental bringt. Vor dem Ortsschild folgen wir dem grünen Rad auf weißem Grund nach links. Linker Hand sehen wir auf dem Schauinsland einen Rest Schnee. Dann folgen wir dem Radschild zuerst nach rechts in die Attentalstraße und gleich die nächste vor dem Wegekreuz wieder links. Herrlich, hier in der Natur am frühen Nachmittag immer der Sonne entgegenfahren zu dürfen. Ruhe und Vogelzwitschern, Wasserrauschen und Gedankenplätschern verzaubern unsere Sinne. Rechts oberhalb sehen wir nun die Windräder ganz nahe – sie drehen sich, als seien sie in Wochenendlaune. Wir kommen nach **Freiburg-Ebnet,** werden nach rechts in den Eschbachweg geleitet und radeln weiter Richtung Freiburg. Es geht sehr erfreulich am Eschbach entlang. Wir müssen ein Stück Autostraße – die **Schwarzwaldstraße –** nutzen, an der uns aber ein Radweg über die Dreisam zur Verfügung steht. Dahinter geht es rechts abwärts Richtung Innenstadt. Jetzt fahren wir den Radweg an der Dreisam entlang, vorbei am altehrwürdigen 7 **Dreisamstadion.** Wir sind fast am Ende der Tour und können den Rest ruhig angehen lassen. Warum also nicht mal auf einer der Bänke Platz nehmen und das Plätschern der 8 **Dreisam** genießen? Hier jedenfalls wird fleißig gepicknickt in den ersten Frühlingssonnenstrahlen.

Freiburger Münster

*Von September 1954 bis September 2021 wurden im **Dreisamstadion** die Heimspiele der Herrenmannschaft des FC Freiburg ausgetragen. Nach dem Bau des Europa-Park-Stadions spielen hier die zweite Herrenmannschaft und die Frauen des FC Freiburg.*

Wir bleiben nun immer an der Dreisam und können uns mehr oder weniger rollen lassen. Auf dem Weg herrscht geschäftiges Treiben von Spaziergängern und Radlern – und alle tragen sie ein Lächeln im Gesicht. Auf Höhe des 9 **Ganter Hausbiergarten** fahren wir links hinauf, aber gleich wieder hinunter, der Beschilderung „Umleitung Hochwasser" nach unter der Brückenauffahrt hindurch. Im Verlauf kommen wir in die Innenstadt, biegen an der Schwabentorbrücke rechts ab und kommen dann durch das schöne 10 **Schwabentor,** einem der beiden noch erhaltenen mittelalterlichen Stadttore Freiburgs. Dahinter fahren wir in die erste Straße rechts, die Herrenstraße, und biegen ein Stückchen weiter von ihr links in den

Münsterplatz ein. Vor uns erhebt sich das ⑪ **Freiburger Münster.**

Ein Bummel in Freiburg ist obligat. Wir laufen am Münster vorbei, lassen es rechts liegen und biegen dahinter links ein in die Eisenstraße. Wir bummeln weiter durch die schmucke **Altstadt** und lassen uns durch die Gassen treiben, zuerst rechts in die Schusterstraße, dann über die Straßenbahnschienen geradeaus weiter in die Rathausgasse. Wir kommen am belebten **Rathausplatz** vorbei und schieben die Räder immer geradeaus. Hinter der Fußgängerzone geht es weiterhin geradeaus und wir können wieder aufsteigen. Gemütlich fahren wir die Eisenbahnstraße abwärts unserem Ausgangspunkt entgegen.

*Zahlreiche Kriege überstand das **Freiburger Münster** nahezu unbeschädigt. Das Kulturdenkmal mit seiner langen Baugeschichte wurde von 1200 bis Mitte des 16. Jahrhunderts erbaut. Es führt das Patronat „Unserer Lieben Frau" und ist der Gottesmutter geweiht.*

An der Dreisam

Freiburg im Breisgau
Schlossberg
Kleiner Rosskopf
Wittental
Buchbühl
L 127
Dreisam
Oberau
Waldsee
Wiehre
Hauptstraße
Ebnet
Stegen
Dreisam
Zarten
Glümerhöhe
31
Littenweiler
Burg am Wald
L 126
Kirchzarten
Neuhäuser
Schauinslandstraße
Günterstal
Kappel
Brugga
Burg-Birkenhof
Himmelreich
Rotbach
L 124
Horben
Oberried

ALLES AUF EINEN BLICK

Entspannung 3/5
Abenteuer 3/5
Vielfalt 5/5

WIE & WANN

Vorwiegend asphaltierte Radwege, gut befahrbare Schotterwege, wenig Autostraße; Frühling bis Herbst.

HIN & WEG

Auto: Tiefgarage Hauptbahnhof Freiburg, Bismarckallee 7 f, 79098 Freiburg im Breisgau
ÖPNV: Hauptbahnhof Freiburg (Breisgau)

ESSEN & ENTSPANNEN

3 **Landgasthof Rössle,** Dietenbach 1, 79199 Kirchzarten, Tel. (0 76 61) 9 08 88 06, https://rössle-kirchzarten.de
4 **Landgasthof zum SCHÜTZEN,** Weilersbachstraße 7, 79254 Oberried-Weilersbach, Tel. (0 76 61) 9 84 30, www.schuetzen-oberried.de
5 **Rainhof Scheune,** Höllentalstraße 96, 79199 Kirchzarten-Burg, Tel. (0 76 61) 9 88 61 10, www.rainhof-scheune.de
9 **Ganter Hausbiergarten,** Leo-Wohleb-Straße 4, 79098 Freiburg im Breisgau, Tel. (07 61) 7 07 04 44, www.ganter-hausbiergarten.de

ENTDECKEN & ERLEBEN

1 **Dreisamtal-Radweg**
2 **Black Forest Studios**
6 **Rainhof Marktscheune**
7 **Dreisamstadion**
8 **Dreisam**
10 **Schwabentor**
11 **Freiburger Münster**

Blick auf Langenbrand

Idyllisch flussab

Tour de Murg ab Freudenstadt

Unsere knapp 50 Kilometer lange Tour de Murg führt von Freudenstadt nach Gernsbach und startet konkret am **Bahnhof Freudenstadt Stadt.** Denjenigen, die mit dem Auto anreisen, sei empfohlen, in Gernsbach am Bahnhof zu parken und vor der Tour mit der Regionalbahn oder der etwas langsameren Stadtbahn nach Freudenstadt zu fahren.

Am beschrankten Bahnübergang neben dem Bahnhof Freudenstadt Stadt orientieren wir uns am Schild Richtung Zentrum und Marktplatz und entdecken zudem auf einem kleinen quadratischen Schild unter den Radschildern den Hinweis **Tour de Murg.** Wir fahren zum Kreisverkehr, biegen die erste Straße rechts ein, wenige Meter weiter die nächste links in die Moosstraße und sogleich wieder links in die Hirschkopfstraße. Danach geht es rechts dem **grünen Rad auf weißem Grund** nach in die Martin-Luther-Straße. Hinter der Ampel erreichen wir rechter Hand den wunderschönen **1 Marktplatz Freudenstadt** und sehen uns ein wenig um, wozu uns frühlingshafte Maitemperaturen herzlich einladen.

Der 1599 nach den Bauplänen Heinrich Schickhardts erbaute ***Marktplatz in Freudenstadt*** *ist einer der größten Deutschlands. Schmuck anzusehen sind die Arkaden, der 43 Meter hohe Rathausturm, die Stadtkirche und der Schickhardtbau.*

Zahlreiche Lokalitäten locken mit Genuss von herzhaft bis süß. Wir setzen unsere Tour am **Gerechtigkeitsbrunnen** am nördlichen Ende des Platzes fort und fahren links die **Murgtalstraße** steil bergab. Hinter der nächsten Rechtskurve müssen wir links in die Straße Schillerstraße; nur von der anderen Seite kann man lesen, dass es hier zur Tour de Murg geht. Gernsbach ist ab hier mit 44 Kilometern ausgeschildert. Oft wird uns nun das

Kilometer: 46,8

Höhenmeter: 200

Stunden: 3,5

STRECKE

38
2

grüne Rad auf weißem Grund begegnen, nach dem wir uns richten, solange wir keinen Hinweis nach Gernsbach oder zur Tour de Murg lesen. Nachdem wir die Wohngegend verlassen haben, geht es wenige Meter sehr steil bergab. Wir kommen an einem Fischteich vorbei; Angler strahlen Ruhe aus, die wir gedanklich mit auf unseren Weg nehmen. Bis Baiersbronn begleitet uns der **Forbach.** Die Wiesen leuchten löwenzahn- und butterblumengelb. Wir belesen uns an einer Station des Erlebnispfades „Im Tal der Hämmer" über das **Reidegründlebächle,** das Kinder einlädt, am Wasser zu spielen. Die Räder stellen wir in der Nähe eines Schildes zur Erinnerung an den 2002 verstorbenen Wilhelm Günther ab, der 1988 mit der „Verdienstmedaille des Verdienstordens der Bundesrepublik Deutschland" ausgezeichnet worden war. Von hier aus sehen wir auch schon die Michaelskirche von **Friedrichstal.** Zunächst laufen wir wenige Meter zur

Für die Seele

Wir besuchen den wunderschönen Marktplatz Freudenstadt und haben meist die Berge vor Augen – herrlich!

Marktplatz Freudenstadt

❷ **Grube Untere Sophia,** dem einzigen Stollen im Nordschwarzwald, in dem auch Kobalt gefunden wurde, ein bedeutender Umstand, den Günther bei seinen unermüdlichen Nachforschungen entdeckte.

Als Nächstes passieren wir die ❸ **Michaelskirche.** Dorthin strampeln wir aufwärts oder schieben ein paar Meter und biegen rechts in den St. Michaelsweg ein. Nach dem Besuch dieses Kleinods, das uns innere Ruhe beschert, genießen wir eine Sausetour. Wir erreichen die am Zusammenfluss von Forbach und Murg gelegene Ortschaft **Baiersbronn** und folgen dem grünen Rad auf weißem Grund. Das Wasser zu Füßen, die Berge vor Augen – ein herrlicher Anblick! Wenn wir den Bahnhof in Baiersbronn erreichen, sind wir schon etwa 7 Kilometer geradelt. Wer will, macht einen Abstecher in den Ort. Baiersbronn ist nach der Landeshauptstadt Stuttgart die zweitgrößte Gemeinde Baden-Württembergs. Und nicht nur das – sie ist auch die größte Tourismusgemeinde des Landes und weist ein Gebiet auf, das zu über 80 Prozent bewaldet ist. Deshalb heißt es

*Die **Grube Untere Sophia,** in der nach Kupfererz, Fahlerz und Eisennestern gesucht wurde, ist eines der ältesten Bergwerke der Gegend. Georg Gadner verzeichnete sie bereits im Jahr 1593. Das Mundloch fand man 1995 und legte es frei.*

Grube Untere Sophia

auch: „Mehr Schwarzwald gibt's nirgends!" Wir rollen durch eine wunderschöne Spielplatzlandschaft; hier gibt es noch mal Gelegenheit, an den Forbach heranzugehen. Unser Weg führt zwischen der Murg und den Bahnschienen entlang. Eben noch saßen wir im Zug, jetzt genießen wir die Frühlingsluft, die uns Pusteblumenblüten vor die Nase weht.

Nun erreichen wir **Klosterreichenbach.** Dort biegen wir der Beschilderung folgend auf Höhe des Bahnübergangs links ab und überqueren die Murg. Trotz der Berge vor uns überkommt uns das Gefühl, in die Weite zu fahren. Wer braucht das Tal der Könige, wenn er das hier haben kann? Eine Wassertretstelle, die wir passieren, führt gerade kein Wasser, also dehnen wir unsere Waden, indem wir sie auf das Geländer legen. An einem Holzlagerplatz sind wir ein bisschen neidisch auf das gestapelte Holz, da es nass gespritzt wird. Die Frühjahrssonne gibt nämlich Vollgas und es ist windstill – auch uns ist warm. Wir erreichen Röt und erzählen den Bewohnern spontan, wie schön wir es hier finden. In Röt überqueren wir die Bahnschienen und kommen an eine kleine, hübsche Brücke über die Murg, die 4 **Röter Brücke.** Schon der hiesige Forstmeister Jägerschmid erwähnte um 1800 eine hölzerne Brücke. 1902 baute man eine steinerne als Verbindung.

Wir fahren weiter an der Murg entlang, an der überall Bänke zum Pausie-

Michaelskirche

Röter Brücke

ren bereitstehen. Deren Rotanstrich muss sich ganz schön behaupten gegen das blühende Gelb und das Weißgrau der Pusteblumen im kniehohen Gras. Im Verlauf kommen wir an einem weiteren Anglerteich vorbei und erinnern uns an die Ruhe der Anglergesellen zuvor. Doch auch das Radeln an der Murg lässt uns zur Ruhe kommen. Ein Grund mag sein, dass es durch das Gefälle überhaupt nicht anstrengend ist. Und dann werden wir ob eines schmalen Weges wegen Unfallgefahr gewarnt und müssen sogleich schieben, da es – zum Glück nur ein sehr kurzes Stück – steil bergauf geht. Das Braun der letzten gefallenen Blätter liegt dem Frühlingsgrasgrün zu Füßen. Bald lacht uns schon der schöne 5 **Rastplatz am Tobelbach** an; hier packen wir das Vesper aus.

Wir erreichen **Huzenbach,** überqueren die Murg nach rechts und fahren sogleich wieder nach links zum Fahrradweg. Ein kurzes Stück geht es steil hinauf, dann haben wir einen wunderbaren Blick hinunter auf die Bahnschienen – vor uns entfaltet sich typische Eisenbahnromantik. Linker Hand blickt man auf die Dachterrasse eines Hotels, auf der Menschen träge in der Sonne liegen. In **Schwarzenberg** überqueren wir erneut die Bahnschienen und folgen weiter dem grünen

Rad auf weißem Grund. Wir kommen am **6 Murgauen-Bad** vorbei und erreichen **Schönmünzach.** Hier überqueren wir die Bahnschienen nun nach rechts, fahren dahinter links weiter und lesen auch einen Hinweis zum Wanderweg Panoramasteig. Bald gelangen wir an die **7 ehemalige Landesgrenze Baden-Württemberg.** Für den „Grenzübertritt", der über den Rendelbach führt, kann man sich gerne am Brunnen stärken. Direkt dahinter fahren wir durch einen Bergtunnel; als ob man durch ein Spielzeugland radeln würde. Auf glattasphaltiertem Radweg sausen wir nun durch bewaldete Berge an der Murg entlang und haben beinahe das Gefühl, zu fliegen. Dennoch verpassen wir nicht die Stelle, an der wir linker Hand zur **8 Murg** hinabsteigen können.

Ehemalige Landesgrenze Baden-Württemberg

Wir kommen nun nach **Forbach,** das erstaunlicherweise nichts mit dem gleichnamigen Bach am Anfang der Tour zu tun hat. Dort passieren wir den Bahnhof und rollen nach wenigen Metern aufwärts auf der Au-

tostraße in **Gausbach** ein. Auf dem Gehweg weist uns das grüne Rad nach rechts in die Murgtalstraße. Vom Ort aus können wir links auf die begrünten Berge schauen, in die wir gleich radeln werden. Dann orientieren wir uns ausnahmsweise an einem **schwarzen Rad auf gelbem Grund** der Tour de Murg nach rechts in die **Alte Landstraße** und folgen ihr in eine Linkskurve. Es geht steil bergauf. Schieben? Wir gelangen auf einen Schotterweg und kommen als Nächstes nach **Langenbrand.** Unser Weg führt uns an weidenden Schafen und Ziegen vorbei, für die die Schräglage am Hang kein Problem darstellt. Wir schwitzen etwas beim Bergauffahren und genießen am Höhepunkt den wunderbaren Blick ins Tal von einer Bank aus.

Weiter geht es. Am Straßenende folgen wir der Tour de Murg nach links Richtung Hilpertsau. Aus dem Ort heraus radeln wir scharf rechts über die Brücke, von der man einen wunderschönen Blick auf Langenbrand hat. Die Murg liegt so weit unter uns, dass man schon schwindelfrei sein muss, wenn man hier entlangfährt. Bald danach erreichen wir **Au im Murgtal.** Wo sich in Au die Straße gabelt, fahren wir links in die Rathausstraße ein kurzes Stück auf Pflasterstein. An der T-Kreuzung heißt es für uns rechts abwärts Richtung Gasthaus zur

*Die **Murg** ist etwa 80 Kilometer lang und fließt aus dem Nordschwarzwald in die Oberrheinische Tiefebene. Mit mehr als 700 Metern ist das Murgtal eines der tiefsten im Schwarzwald. Einst war der Fluss ein wichtiger Handelsweg für die Holzflößerei des Tals.*

Krone. Dann stoßen wir auf die Alte Kreisstraße, in die wir nach links einbiegen. Rechts von uns breitet sich nochmals die Murg aus. Nun liegt sie flach wie ein Teppich. Im nächsten Ort, **Weisenbach,** überqueren wir erneut die Murg über die Wendelinusbrücke und biegen dahinter links ab. Wir müssen ein kurzes Stück auf der B 462 fahren, können aber den Radweg auf der linken Seite nutzen. So erreichen wir **Hilpertsau,** wo wir an einer Ampel links Richtung Ebersteinhalle erneut über die Murg rollen. Nun ragt vor uns links **Schloss Eberstein** hervor. Ursprünglich war dies eine Spornburg der Grafen Eberstein; heute dient es als Hotel, Restaurant, Weingut und privater Wohnsitz. Vor der Brücke in Obertsrot biegen wir links ein in die Obertsroter Straße. Bis **Gernsbach** sind es nur noch 2,4 Kilometer, die wir weiter an der Murg entlangfahren. Kaum in Gernsbach eingetroffen, stoßen wir linker Hand auf den **9 Gasthof Jockers,** der uns zur Rechten einen Biergarten direkt an der Murg bietet. Wunderbar! Hier lassen wir es uns schmecken.

Gasthaus Stern & Hirsch

Nach dem Abschlussessen fahren wir die Schloßstraße weiter bis zum **10 Gasthaus Stern & Hirsch,** das wir ebenfalls empfehlen können, biegen rechts ab und radeln über die Stadtbrücke, um uns links beim **11 Eiscafé Rizzardini** ein paar Kugeln Eis als Nachtisch zu gönnen. Hier gibt es Sorten wie Black Forest oder Gebrannte Mandeln mit Salzkaramell – lecker! Die letzten Meter stehen an. Von der Brücke fahren wir geradeaus die **Salmengasse** entlang und biegen an deren Ende links ab. Für das allerletzte Stückchen folgen wir den Bahngleisen und gelangen so direkt an den Bahnhof, unseren Zielpunkt, wo möglicherweise unser Auto auf uns wartet.

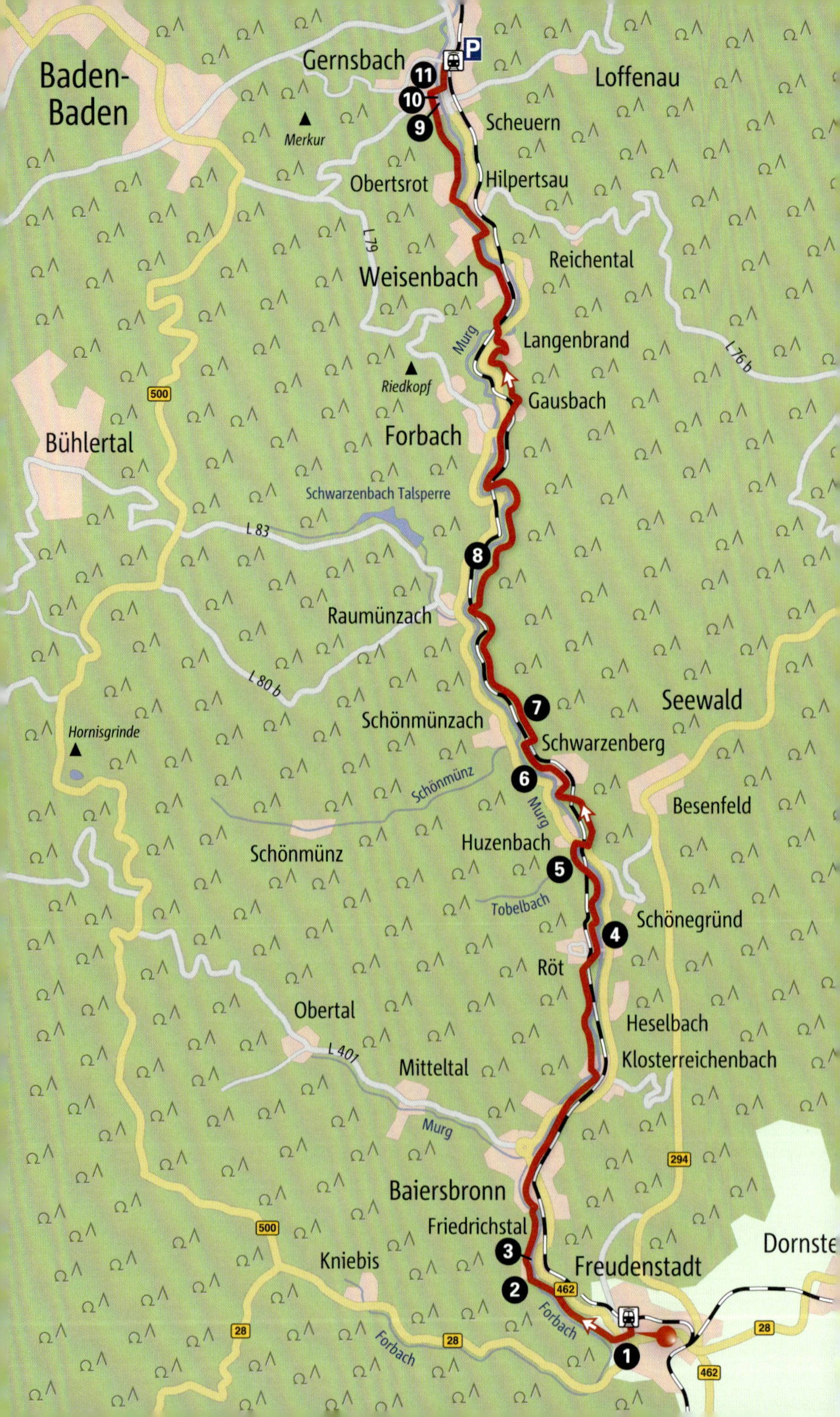
Baden-Baden
Gernsbach
Loffenau
Merkur
Scheuern
Obertsrot
Hilpertsau
L 79
Weisenbach
Reichental
Langenbrand
L 76 b
Riedkopf
Gausbach
Murg
Forbach
500
Bühlertal
Schwarzenbach Talsperre
L 83
Raumünzach
L 80 b
Seewald
Schönmünzach
Hornisgrinde
Schwarzenberg
Schönmünz
Besenfeld
Huzenbach
Schönmünz
Tobelbach
Schönegründ
Röt
Heselbach
Obertal
L 401
Klosterreichenbach
Mitteltal
294
Baiersbronn
Friedrichstal
Dornste
Kniebis
Freudenstadt
462
Forbach
28
1
2
3
4
5
6
7
8
9
10
11

ALLES AUF EINEN BLICK

Entspannung 5/5
Abenteuer 2/5
Vielfalt 3/5

WIE & WANN

Asphaltierte Radwege, gut befahrbare Schotterwege, ruhige Autostraßen, ein kurzes Stück Pflasterstein; Frühling bis Herbst.

HIN & WEG

Auto: Parkplatz am Bahnhof Gernsbach, Bahnhofsplatz, 76593 Gernsbach. Am Bahnhof Freudenstadt gibt es nur wenige Parkplätze, daher nach Möglichkeit in Gernsbach parken.
ÖPNV: Bahnhof Freudenstadt, am Ziel: Bahnhof Gernsbach

ESSEN & ENTSPANNEN

9 **Gasthof Jockers,** Schloßstraße 4, 76593 Gernsbach, Tel. (0 72 24) 31 20, www.gasthof-jockers.de
10 **Gasthaus Stern & Hirsch,** Hofstätte 3, 76593 Gernsbach, Tel. (0 72 24) 65 57 91
11 **Eiscafé Rizzardini,** Bleichstraße 3, 76593 Gernsbach, Tel. (0 72 24) 65 75 79

ENTDECKEN & ERLEBEN

1 **Marktplatz Freudenstadt**
2 **Grube Untere Sophia**
3 **Michaelskirche**
4 **Röter Brücke**
5 **Rastplatz am Tobelbach**
6 **Murgauen-Bad**
7 **Ehemalige Landesgrenze Baden-Württemberg**
8 **Murg**

Kloster Alpirsbach

Malerisch

Von Alpirsbach nach Gengenbach

Wir starten unsere Tour am **Bahnhof Alpirsbach** und richten uns an der Bushaltestelle nach links Richtung Stadtmitte in 0,4 Kilometern. Am Zebrastreifen überqueren wir die Straße und folgen dem **grünen Rad auf weißem Grund** in die Friedrich-Widmann-Straße. An der Marktstraße biegen wir links ein und fahren gegen die Einbahnstraße Richtung Marktplatz. Wir queren die Bahngleise und halten uns immer rechts, bis wir kurz darauf zum ❶ **Kloster Alpirsbach** gelangen.

Bevor wir diesen Seelenort verlassen, schauen wir uns im gleich daneben liegenden ❷ **Alpirsbacher Brau-Laden** um und packen noch ein Radler für die Seele in die Fahrradtasche. Wir verlassen den Klosterhof wie gekommen, nehmen unsere vorherige Richtung wieder auf und biegen hinter dem Stadtmuseum rechts ab in die Schillerstraße. So haben wir einen wunderbaren Blick auf die Rückseite des Klosters und den wunderschönen **Klostergarten.**

Das romanische ***Benediktinerkloster Alpirsbach*** *ist mit über 900 Jahren ein einzigartiges Baudenkmal. Die historische Klosteranlage gehört zu den südwestdeutschen Reformklöstern des 11. Jahrhunderts. Im Sommer finden die Alpirsbacher Kreuzgangkonzerte statt.*

An der Grundschule Alpirsbach fahren wir rechts abwärts, unter der Bahnbrücke hindurch, und immer geradeaus über eine Pflastersteinstraße bis hinter die **Kinzig.** Am ehemaligen Gasthof zur Linde biegen wir einem Radschild folgend nach rechts ein und befinden uns auf dem **Kinzigtal-Radweg.** Sogleich überqueren wir die Kinzig erneut über eine schmucke Brücke und biegen danach links wieder in die Friedrich-Widmann-Straße ein, die wir schon kennen. Wir folgen dabei der Ausschilderung Richtung **Schiltach.** Zügig werden wir rechts in die Alleenstraße geleitet und überqueren wieder

Kilometer: 55,7
Höhenmeter: 120
Stunden: 4
STRECKE

Historische Grenze

die Bahnlinie. Dahinter geht es links dem grünen Rad nach in die Krähenbadstraße. Wir folgen der Radbeschilderung nach Schiltach und radeln, bestens geleitet, mal rechts, mal links der Bahnschienen entlang. Nachdem wir im Dörfchen Rötenbach erneut die Bahnschienen gequert haben, laufen nun sowohl die Schienen als auch die Kinzig für einige Zeit links von uns. Saftiges Maigrün peppt das Rotbraun der Eisenbahnschienen auf. In den Wald hinein geht es auf einem Schotterweg aufwärts; wir strampeln uns warm!

Danach passieren wir die **3 historische Grenze** zwischen dem Königreich Württemberg und dem Großherzogtum Baden. Die Wiesenhänge strahlen in Gelb, Flieder, Blau und Rostrot. Ginster leuchtet den sonnendurchfluteten Wald einmal mehr aus. Nichts hier sieht nach Grenze aus. In Serpentinen geht es abwärts. Die Bäume stehen kerzengrade da und sehen aus, als hätten sie sich aufgrund des Feiertages, an dem wir unterwegs sind, aufgeräumt in Reih und Glied eingeordnet. Romantisch wirkt der Wald auf uns mit seinem Bachplätschern und den bemoosten Felsen. Wir erreichen den Luftkurort **Schenkenzell** und fahren ein Stück auf der B 294, respektive B 462 durch den Ort hindurch. Am Ortsende wechseln wir auf den links liegenden Radweg, queren erst mal wieder die Bahn und nach einer Abfahrt an einer breiten

Brücke nach links wieder die Kinzig. Wir sind geneigt, uns bei ihr zu bedanken, ihr Plätschern und Rauschen tun der Seele gut.

Bald kommen wir nach **Schiltach.** Vor dem Tunnel unter die Bundesstraße zeigt der Wegweiser rechts in die historische Altstadt. Dort angekommen, rollen wir über die Stadtbrücke, wo die Geranien in den Kästen blühen; wir spüren ein Flair von Meran. Sehr, sehr schön. Hinter der evangelischen Stadtkirche fahren wir die Bahnhofstraße rechts über eine Kinzigbrücke und gelangen an die **4 Bahnanlage Obere Bahnbrücke,** die wir schon zu unserer Linken sehen konnten. Auch den Blick auf einen alten Zug rechts sollte man nicht verpassen.

Wir verlassen Schiltach über die Kinzig, deren Ufer hier und da von blühenden Kastanien geschmückt werden, und fahren auf der gegenüberliegenden Seite auf dem Gehweg auf einen vor uns aufragenden imposanten Felsen zu. Er fügt sich ein in die Kulisse aus baumgrünen, sonnenbeleuchteten Bergen vor uns – herrlich!

Für die Seele

Wir besichtigen Kloster Alpirsbach und stoßen mit einem „Radler für die Seele" auf die Tour an.

*Die **Obere Bahnbrücke** mit der Bauweise „System Linville" ist ein Unikat in Südwestdeutschland. Sie wurde 1891/92 erbaut und nie verändert. Der Personenverkehr wurde schon 1959 eingestellt, der Güterverkehr lief bis 1991.*

Bahnanlage Obere Bahnbrücke

Kinzig

*Die **Kinzig** ist der längste Rheinzufluss des Schwarzwaldes. Mit ihren Nebenflüssen schuf sie das größte Talsystem des Gebirges. Sie legt 93 Kilometer zurück und fließt durch das pittoreske, romantische Tal.*

Wir erreichen **Vorderlehengericht** und kommen danach durch **Halbmeil,** wo wir vor den Bahnschienen den Radweg aufwärts nehmen. Wir passieren eine Station des **Flößerpfades Kinzigtal** und können uns an einem netten Rastplatz neben einer schmucken Brücke belesen. Kurz vor Wolfach überqueren wir mal wieder die Kinzig in Richtung Wolfach und wechseln kurz danach wieder über eine schmale Brücke auf die vorherige Seite. Hier kann, wer will, mit der 5 **Kinzig** auf Tuchfühlung gehen.

Wir erreichen **Wolfach** und orientieren uns im Ort, bevor es rechts über eine Brücke geht, nach links in Richtung Stadtmitte und Hausach. Am schönen Rathaus biegen wir rechts ab in die Kirchstraße nach Hausach. Wir fahren erneut über eine schmucke Brücke über die Kinzig. In Wolfach gibt es nach etwa 20 Kilometern der Strecke ausreichende Einkehrmöglichkeiten, so zum Beispiel linker Hand das **6 Bistro-Café Flößerpark Wolfach:** sehr einladend! Hinter dem Café kann man den Zusammenfluss von Wolf und Kinzig beobachten. Am **Narrenbrunnen** geht es links Am Mühlegrün weiter. Wir fahren nun an der Kinzig, die die Wolf aufnimmt, auf dem **Schwarzwald-Radweg.** Aus dem Ort heraus orientieren wir uns an der Beschilderung nach Hausach und Haslach. Am Ausgang von Wolfach heißt es achtgeben, um nicht die Abfahrt links abwärts durch einen Betontunnel unter der B 294 zu verpassen! Dann radeln wir wieder an den Kinzigauen entlang. Manchmal tummeln sich Raben auf gemähten Wiesen. Und wieder überqueren wir die Kinzig und machen danach eine sehr scharfe Linkskurve Richtung Hausach. Hier wird eine Wasserkraftanlage renoviert. Hausach liegt

Wolfach

Bistro-Café Flößerpark Wolfach

Burg Husen

auf unserem Radweg links von uns, rechts schauen wir ins Grüne.

Hinter einer Unterführung unter der Bundesstraße lohnt es, abzusteigen und der **Burg Husen,** die links voraus am Hang liegt, einen Blick zu gönnen, denn von hier aus präsentiert sie sich sehr gut. Obwohl man beim Schwarzwald an Berge denkt, können wir entlang der Kinzig teilweise kilometerweit sehen, wo wir noch entlangfahren werden. Rechts liegt **Edwin's Strause,** wo sich etliche Radfahrer tummeln; wir wollen aber erst am Ende der Tour essen gehen. Wir biegen Richtung Offenburg und **Haslach** ab. Rechts am Hang lugt die Kirche von Fischerbach hervor. Dann wechseln wir nach links über die Brücke Richtung Haslach. Der Radweg dorthin ist weiterhin sehr gut ausgeschildert. Wo die Straße **Im Spießacker** endet, biegen wir links ein in die Sägerstraße, folgen danach dem Schild „Altstadt" nach rechts und fahren ein Stück auf Pflasterstein. Auch in der

Rathaus Haslach

Altstadt gibt es einige Lokalitäten, die einen netten Eindruck machen. Etwa 35 Kilometer haben wir bis hierher geschafft, sodass eine Pause wohlverdient wäre. Allerdings war uns nach Weiterfahren, sodass wir keine Lokalität persönlich empfehlen können.

Danach orientieren wir uns an der Ausschilderung nach Steinach. Steht nichts angeschrieben, gilt für uns das grüne Rad auf weißem Grund. Hinter dem Schwimmbad Haslach werden wir durch eine Bahnunterführung geleitet, queren dahinter die B 33 an der Ampel und halten uns dann links. Bald rollen wir durch **Bollenbach.** Wir fahren auf einen Steinbruch linker Hand zu und überqueren danach zum gefühlt hundertsten Mal die Kinzig, dieses Mal über eine 2018 in altem Stil erbaute Brücke. In **Steinach** stoßen wir an einer Kreuzung auf einen Schilderbaum: Das erste

Schnapsbrunnen

Mal steht **Gengenbach** angeschrieben. Es sind nur noch 15 Kilometer bis zu unserem Zielort. Wir finden einen Hinweis auf Steinach-Lachen mit 1 Kilometer; tja, vielleicht sollten wir jetzt 1 Kilometer lang lachen. Fröhlich erreichen wir **Lachen** und verlassen es wieder. Immer mal wieder hören wir junge Maimeisen nach ihren Eltern rufen. Gegen Ende der Tour verbreitert sich das Tal zusehends. Als es noch etwa 9 Kilometer bis Gengenbach sind, überqueren wir schon wieder die Kinzig und rollen durch **Biberach.** Einen kleinen Abstecher von 300 Metern zum **7 Schnapsbrunnen in Bruch** nehmen wir natürlich mit; Quitte schmeckt sehr lecker, zum Glück haben wir passend Kleingeld. Beschwingt fahren wir weiter, erreichen **Fröschbach** und biegen vor den Bahnschienen rechts ein nach Gengenbach. Als Nächstes gelangen wir nach **Schönberg** und folgen dort dem Radweg nach Gengenbach links über die Bahnschienen. In **Gengenbach** angekommen fahren wir durch das schmucke Stadttor in die Altstadt, vorbei am **Flößerei- und Verkehrsmuseum.**

Flößereimuseum

Wir stellen die Räder ab, spazieren über den Marktplatz und durch die Gässchen und landen zum Abschlussessen im **8 Winzerstüble,** eine gute Entscheidung! Wir verlassen Gengenbach die Hauptstraße abwärts mit dem Rathaus im Rücken. Am **9 Eiscafé Casa del Gelato** genehmigen wir uns noch ein Eis auf die Hand; hier ist es nicht so voll wie in der Innenstadt. Schmeckt fantastisch! Danach geht es weiter dem grünen Rad nach geradeaus über die Kreuzung. Am Zebrastreifen ist der Bahnhof nach links ausgeschildert; noch 100 Meter und wir haben es geschafft.

Gengenbach

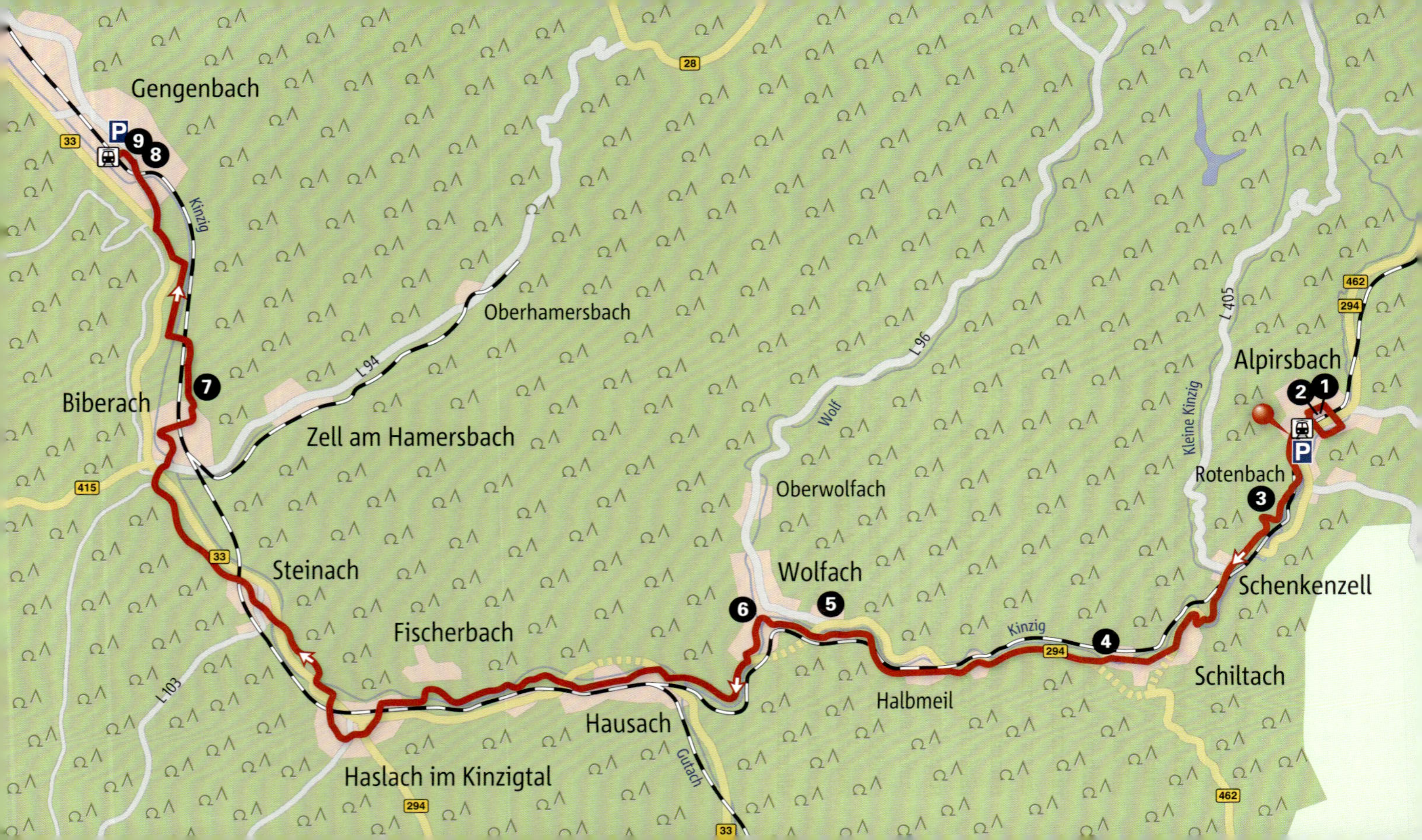
Gengenbach
Biberach
Zell am Hamersbach
Oberhamersbach
Steinach
Fischerbach
Haslach im Kinzigtal
Hausach
Oberwolfach
Wolfach
Halbmeil
Schiltach
Schenkenzell
Rotenbach
Alpirsbach
Kinzig
Kleine Kinzig
Wolf
Gutach
L 94
L 96
L 103
L 405
28
33
294
415
462
1
2
3
4
5
6
7
8
9
P

ALLES AUF EINEN BLICK

Entspannung 4/5
Abenteuer 3/5
Vielfalt 3/5

WIE & WANN

Asphaltierte Radwege, wenige Schotterwege, wenig Pflasterstein, Autostraße; Frühling bis Herbst.

HIN & WEG

Auto: Parkplätze am Bahnhof Alpirsbach, Bahnhofstraße, 72275 Alpirsbach oder am Bahnhof Gengenbach, Bahnhofstraße, 77723 Gengenbach
ÖPNV: Bahnhof Alpirsbach, am Ziel: Bahnhof Gengenbach

ESSEN & ENTSPANNEN

6 **Bistro-Café Flößerpark Wolfach,** Am Mühlegrün 1, 77709 Wolfach, Tel. (0 78 34) 86 59 75, www.floesserpark-wolfach.de
8 **Winzerstüble,** Hauptstraße 20, 77723 Gengenbach, Tel. (0 78 03) 36 36, www.winzerstueble.de
9 **Eiscafé Casa del Gelato,** Hauptstraße 32, 77723 Gengenbach, Tel. (0 78 03) 5 02 03 14

ENTDECKEN & ERLEBEN

1 **Kloster Alpirsbach**
2 **Alpirsbacher Brau-Laden,** Ambrosius-Blarer-Platz, 72275 Alpirsbach
3 **Historische Grenze Württemberg und Baden**
4 **Bahnanlage Obere Bahnbrücke**
5 **Kinzig**
7 **Schnapsbrunnen in Bruch**

Auf Hesses Spuren

Entlang der Nagold

Unsere Tour beginnt am **Bahnhof Nagold Stadtmitte –** und zwar im Aufzug zu den Gleisen. Wer mit der Bahn ankommt, genießt ohnehin den Blick von hier oben auf die Stadt; wer das Auto in Nagold parkt, sollte unbedingt einmal hochfahren. Vor dem Bahnhof richten wir uns nach dem Schild „Stadtmitte“ und rollen abwärts in die Fußgängerzone. Wären wir nicht gerade erst gestartet, würden wir direkt hierbleiben, so schön ist der beblümte Marktplatz. Im **1 délice** kann man lecker frühstücken.

Bereit für den Tag folgen wir danach dem Schild nach **Calw.** Im Kreisel weist uns das **grüne Rad auf weißem Grund** im Grunde geradeaus. Hinter dem Kreisel fahren wir die Erste links in den Meisterweg, der für Fahrradfahrer und Fußgänger frei ist. Noch vor dem modernen Rundbau der Neuapostolischen Kirche halten wir, machen eine Kehre um 180 Grad und blicken hinauf zur **Burgruine Hohennagold.** Die Burg im Blick radeln wir die Waldach nun flussabwärts, queren diese bei der nächsten Brücke für Autofahrer und folgen weiter dem Weg nach Calw. Wir sind jetzt auf dem **Nagoldtal-Radweg.** Sogleich kommen wir an den Zusammenfluss von Waldach und Nagold. Die Stadt Nagold und ihr Gewässer machen einem das Weiterkommen wirklich schwer mit all den netten Lokalitäten direkt am Wasser. Dazu das Geräusch eines Springbrunnens und kein Alltagslärm, wunderbar!

Burgruine Hohennagold

Kilometer: 44

Höhenmeter: 140

Stunden: 4

STRECKE

Historische Wasserradanlage

Kurz hinter der Mündung in die Nagold müssen wir ein Restaurant umfahren, das seine Terrasse zum Ufer hin hat. Dann folgen wir dem Radschild Richtung Calw wieder am Ufer entlang, wobei wir die Nagold einmal queren. Bald nachdem wir den Ort hinter uns gelassen haben, kühlt der Wald unsere Sommerhaut. Die Nagold gibt plätschernd den Trettakt vor. An einem Schild „Gefährliche Abfahrt/Fahrspur einhalten" sind es noch 23 Kilometer bis Calw. Der Nagoldtal-Radweg verläuft nun ein ganzes Stück neben der B 463, ehe wir rechts abbiegen dürfen und über eine niedliche Holzbrücke über die Nagold fahren. Kurz geht es bergan, dann fahren wir auf einer Autostraße, die wir nach wenigen Metern in einer Linkskurve nach rechts verlassen, weiter Richtung Calw. Auf Höhe eines Wasserkraftwerkes sehen wir rechter Hand etwas Rotes im Baum aufblitzen; eine Bahn wie die, die uns hierher befördert hat. Vorbei am Campingplatz Carpe Diem erreichen wir bald die **Schäferlaufstadt Wildberg.**

Rechter Hand liegt das schöne ② **Kloster Maria Reuthin,** das wir uns ansehen. Das 1535 im Zuge der

Für die Seele

Wir radeln im Takt der plätschernden Nagold und lassen uns in Calw zum Dichten verleiten.

*Der **Schäferlauf in Wildberg** ist das größte historische Brauchtums- und Heimatfest im Nordschwarzwald. Barfüßige Schäferinnen und Schäfer treten im Wettlauf gegeneinander an, um zur Königin und zum König gekrönt zu werden.*

Kloster Maria Reuthin

Hermann-Hesse-Statue

Reformation aufgelöste Dominikanerinnenkloster bietet heute einem Heimatmuseum und einer Musikschule neue Heimstatt. Im Bogen, den wir um das Kloster herumfahren, entdecken wir linker Hand eine **3 historische Wasserradanlage,** die wir uns anschauen. Unser Radweg nach Calw führt an der Grundschule, der Stadthalle und dann am Bahnhof Wildberg vorbei. Hier überqueren wir die Bahnschienen und wenden uns dahinter nach rechts. Wieder radeln wir vergnügt durch Wald an der Nagold entlang. Einige Kilometer weiter, im **Seitzental** in der **4 Talmühle,** genehmigen wir uns ein Radler unter einem Baum. Auf das Seitzental folgt das **Kohlerstal.** Wir radeln wieder eine Weile, erreichen die **Hermann-Hesse-Stadt Calw** und stoßen rechts auf den **5 Hermann-Hesse-Platz.** Die Geburtsstadt Hesses steht hier ganz im Zeichen ihres berühmten Sohnes, der 1919 in dem Gedicht „Schwarzwald" auch seine Heimat besungen hatte. Unweit des Platzes auf der Brücke steht eine vom Bildhauer Kurt Tassotti erschaffene Statue des Dichters; sie trägt den Titel: „Hermann Hesse 1877–1962 zwischen Verweilen und Aufbruch".

Bevor wir Richtung Pforzheim weiterfahren, schauen wir uns den schönen **6 Marktplatz von Calw** an. Calw bietet natürlich auch eine Menge Lokalitäten zum Einkehren. Oder man nimmt sich ein Eis auf die Hand. Am Calwer Markt treffen wir auf die Ausschilderung nach **Hirsau,** wo wir nach kurzer Fahrt eintreffen. Hier folgen wir dem Radschild nach rechts in Richtung Bad Liebenzell und überqueren die Nagold. Auf unserer Weiterfahrt kommen wir erst durch den Kurpark von Hirsau und sehen später linker Hand das **7 Kloster Hirsau** emporragen. Wer eine Radelpause einlegen möch-

__Kloster Hirsau__ wurde im 11. Jahrhundert am Ufer der Nagold erbaut. Bis zur Reformation ruhten hier aus dem nördlichen Italien überführte Reliquien des heiligen Aurelius, die 1956 wieder aus dem Kloster Zwiefalten nach Hirsau gebracht wurden.

Marktplatz Calw

te, baut einen Besuch des Klosters und der bis heute erhaltenen, zwischen 1059 und 1071 erbauten, romanischen **Aureliuskirche** mit ein.

Als Nächstes kommen wir nach **Ernstmühl.** Dort geht es nach rechts aufwärts Richtung Bad Liebenzell und passenderweise landen wir auf dem Liebenzeller Weg. Wir erreichen **Bad Liebenzell** und richten uns zunächst nach der Beschilderung „Stadtmitte". Dann überqueren wir die Bahnschienen und biegen dahinter rechts ein. Wir folgen der Beschilderung Richtung Pforzheim, die **8 Nagold** zu unserer Linken. Ebenfalls links sieht man das Freibad von Bad Liebenzell und bekommt Lust darauf, die Tour für einen Sprung ins kühle Nass zu unterbrechen.

Nun können wir uns auch an der Beschilderung Richtung Monbachtal orientieren, das wir kurz darauf hinter einer Bahnunterführung erreichen. Direkt stoßen wir auf das Monbachstüble, hinter dem sich das

Kloster Hirsau

Nagold

Im Café Monbachtal

9 **Café Monbachtal** befindet, das wir für eine ausgiebige Rast auswählen. Wir finden eine Auswahl an Kuchen, Eis oder Eiskaffee, aber auch Herzhaftes wie Currywurst, Maultaschen und Salate der Saison.

Zurück geht es über die Brücke über den Monbach und dann links abwärts nach Pforzheim durch eine zweite Bahnunterführung. Auf den letzten Metern begleitet uns nochmals das Flussrauschen der Nagold. Rechts treffen wir auf zwei Bänke, dazwischen ein Stein und eingemeißelt eine Informationstafel mit Wissenswertem über das **Flößerdorf Dennjächt,** in dem Flößer und Fischer einst die Hauptberufe waren. Hervorzuheben ist der Fang von Aalen in „Koben". Einer der letzten Koben befand sich noch vor dem Ersten Weltkrieg in der Nagold zwischen Unterreichenbach und Dennjächt. Vielleicht möchte man sich jetzt am Ende der Tour auf eine der kommenden Bänke in den Schatten setzen und auf das Nagoldwasser schauen, das im Sonnenschein glitzert. Bald entdecken wir ein Schild Richtung **Unterreichenbach** nach links, es sind nur noch 100 Meter. Wir fahren bis zur Calwer Straße und sehen dort die Radbeschilderung zum Bahnhof, unserem Zielpunkt. Auf der Heimfahrt versuchen wir uns – inspiriert durch Hermann Hesse – an ein paar Elfchen.

*Die **Nagold** weist eine Länge von 91 Kilometern auf und ist Namensgeberin der Stadt Nagold. 1075 findet sich erstmals der Name Nagaltha, der in etwa mit „Gewässer, auf dem man schwimmen kann" übersetzt werden kann.*

463
8
294
Unterreichenbach
P
Heimsheim
Nagold
9
Schömberg
L 343
Neuhausen
Bad Liebenzell
8
Weil der Sta
295
296
294
7
Oberreichenbach
Schwarzwaldstraße
296
463
Calw
6
5
L 346
Stammheim
Bad Teinach-Zavelstein
296
Altbulach
Neubulach
4
Gültlingen
Deckenpfronn
L 348
3
Effringen
2
Wildberg
463
Herrenberg
L 362
Nagold
Ebhausen
Nagold
L 1362
Altensteig
Emmingen
Rohrdorf
P
Nagold
1

ALLES AUF EINEN BLICK

Entspannung 4/5
Abenteuer 3/5
Vielfalt 3/5

WIE & WANN

Vorwiegend asphaltierte Radwege, kurze Stücke Autostraße; Frühling bis Herbst.

HIN & WEG

Auto: Parkplatz am Bahnhof Unterreichenbach, Bahnhofstraße, 75399 Unterreichenbach oder Parkplatz Leonhardstraße, 72202 Nagold
ÖPNV: Bahnhof Nagold Stadtmitte, am Ziel: Bahnhof Unterreichenbach

ESSEN & ENTSPANNEN

1 **Café & Bar délice,** Vorstadtplatz 7, 72202 Nagold, Tel. (0 74 52) 8 23 60 00, www.delice-nagold.de
4 **Talmühle,** Im Seitzental 51, 75387 Neubulach-Seitzental, Tel. (0 70 53) 74 15
9 **Café Monbachtal,** Im Monbachtal 2, 75378 Bad Liebenzell, Tel. (0 70 52) 9 26 18 10, www.monbachtal.de/cafe

ENTDECKEN & ERLEBEN

2 **Kloster Maria Reuthin,** Klosterhof 1, 72218 Wildberg
3 **Historische Wasserradanlage**
5 **Hermann-Hesse-Platz**
6 **Marktplatz von Calw**
7 **Kloster Hirsau**
8 **Nagold**

R(h)eines Glück

Waldshut bis Rheinfelden

Wir starten gegenüber dem **Bahnhof Waldshut** in der Bismarckstraße und richten uns nach dem Radschild nach **Bad Säckingen.** Hinter einer Bushaltestelle biegen wir links in die Kaiserstraße und fahren durch das schmucke **Stadttor** von Waldshut, um uns die belebte und einladend wirkende Fußgängerzone der ❶ **Waldshuter Altstadt** anzuschauen. Der Name Waldshut stammt einer Legende nach daher, dass ein listiger Bauer aus dem Hotzenwald „Ich streich das Geld in meinen Hut, die Stadt soll heißen Waldeshut" hat verlauten lassen. Das östliche Stadttor wurde auf den Fundamenten des 13. Jahrhunderts erbaut. Einst wohnte der Turmwächter hier und bewachte die Stadt und den Rhein. Bis 1864 diente der Turm als Gefängnis. Waldshut hat von Flaniermeile bis zu abwechslungsreicher Natur eine Menge zu bieten; das merken wir uns für einen weiteren Ausflug.

Stadttor Waldshut

Wieder zurück durch das Tor biegen wir nun rechts ab Richtung Freibad und rollen direkt hinunter an den **Rhein** – und da erstreckt er sich auch schon majestätisch vor uns! Rheinfelden ist mit 46 Kilometern nach rechts ausgeschildert. Vor der Kulisse von Waldshut folgen wir dem Rhein. In den Ausläufern der Stadt entfernen wir uns etwas vom Rhein und fahren durch ein Industriegebiet. Wo ein Ortsschild nach Dogern weist, fahren wir links Richtung **Rheinfelden** dem Radschild nach. Auf dem Weg zurück ans Wasser begegnen

Kilometer: 48

Höhenmeter: 160

Stunden: 4

STRECKE

uns freudig gackernde Hühner und rechter Hand ein sehr nettes **2 Hoflädele.** Man kann sich kulinarisch eindecken oder auch vor Ort ein Bauernhofeis genießen; der Kühlschrank ist gut gefüllt. Zudem kann man Mitbringsel erwerben, eine Kasse des Vertrauens steht bereit. Auf der Weiterfahrt überragt uns rechter Hand der Mais, linker Hand erahnen wir den Rhein, können ihn aber aktuell nicht sehen. Bald jedoch fahren wir eine Schlaufe zu einer Brücke und können auf ihr innehalten, um das Wasser zu betrachten. Selbst an einem Herbsttag Anfang September ist es vormittags so warm, dass wir am liebsten von der Brücke ins Wasser springen würden. Aber der Flussarm ist der Zulauf zu einem Wasserkraftwerk, sodass wir uns natürlich zurückhalten. Am Himmel entdecken wir Fernflieger, die wohl vom Flughafen Basel-Mühlhausen oder gar in Zürich gestartet sind und wir fragen uns, warum wegfliegen, wenn man hier seelenruhig am Rhein entlangradeln kann? Inzwischen fahren wir auf Schotter und genießen nicht nur die Blicke auf die Hänge des Schwarzwaldes rechts von uns, sondern auch über den Rhein hinweg in die Schweiz hinein. Die Grenze verläuft hier mitten im Fluss. Unterwegs lernen wir, dass die Stein- und Dammschüttungen mit Brombeeren und Heckengewächsen landschaftsgerecht bepflanzt wurden. Der Baumbestand entlang der Rheinufer wurde mit Weiden, Erlen und Pappeln angereichert.

Auf dem Schotterweg sind wir froh, dass uns die Bäume Schatten spenden. Am Wegesrand stehen Schilder mit Informationen über einheimische Singvögel und den Biber. Als Nächstes entdecken wir links das 3 **Fahrradhotel Zollhaus.** An dieser Stelle sind wir nur ein paar Meter von der Schweiz entfernt. Auf der Brücke, die uns in die Schweiz führen könnte, genießen wir einen wunderbaren Ausblick auf den Rhein. Wir bleiben dann aber doch auf der deutschen Seite, queren die Brücke über den Kraftwerkskanal und folgen dann der Beschilderung nach Rheinfelden etwas bergan. Nur noch 30 Kilometer: Wo sind die ersten fast 20 Kilometer geblieben? Im Fluss? Übrigens radeln wir auch schon längere Zeit auf dem wunderschönen **Rheinradweg.**

Wir kommen nach **Albbruck** und folgen auch hier der Radbeschilderung nach Bad Säckingen beziehungsweise Rheinfelden. Ein Stück weit verlaufen rechts von

Für die Seele

In romantischem Ambiente radeln wir am Rhein entlang, pausieren am Wasser und schauen uns glücklich um.

*Der **Rheinradweg** ist ein europäischer Radfernweg von 1450 Kilometern Länge und führt durch fünf Staaten, nämlich die Schweiz, Österreich, Deutschland, Frankreich und die Niederlande. Sein Startpunkt liegt in Andermatt, Zielpunkt ist Hoek van Holland.*

Blick auf Laufenburg

Freibad bei Laufenburg

Bei Murg

uns Bahnschienen. Dann radeln wir durch die Wohngegend von Albbruck und erreichen nun **Albert.** Das ist kein Freund von uns, sondern ein Stadtteil von Albbruck. Und dann liegt abwärts der Rhein wieder vor uns, einladend wie eine heiße Badewanne im Winter. Wir erreichen **Hauenstein** und fahren links auf dem Radweg, direkt am Rhein unterhalb der Burgruine entlang. Bei dieser Wärme beneiden wir die Paddelbootfahrer auf dem Fluss. Der nächste Ort heißt **Luttingen.** Im Ort geht es nach links in die Stadenhauser Straße, wobei wir immer dem Rheinradweg folgen. Wir radeln auf **Stadenhausen** zu, und werden von Weite empfangen, im Hintergrund die Berge, ein schönes Panorama. Wir erreichen **Laufenburg,** lassen es aber rechts liegen, da wir der Ausschilderung nach links folgen. Über eine sogenannte gefährliche Kurve gelangen wir auf eine Brücke über den Feldgraben und werden linker Hand wieder vom Rhein begrüßt. Uns wird ein wunderbarer Blick auf Laufenburg offenbart.

Links der Rhein, rechts ein **Freibad –** Wasser im Überfluss. Dann geht es aufwärts und sogleich die **Hauptstraße** nach links wieder abwärts. Der Ausblick ist fantastisch. Wir radeln durch das wunderschöne Rathausgewölbe in die **Laufenburger Altstadt.** Abwärts geht es wieder an den Rhein. Links geht es über eine Brücke in die Schweiz; der Radweg führt rechts weiter nach Rheinfelden in 30 Kilometern. Wunderbar kann man hier in Cafés sitzen und pausieren. Wir haben etwa ein Drittel der Tour hinter uns – da kommt eine Pause gerade recht. Wir entscheiden uns, die Räder abzustellen und nach Laufenburg in die Schweiz zu spazieren, es sind nur 200 Meter. Sehr schnucklig hier! Zurück auf deutscher Seite gönnen wir uns im 4 **Restaurant Athen** einen Kaffee mit Blick auf den Rhein.

Danach geht es aufwärts weiter Richtung Rheinfelden und wir passieren vor dem Bahnhof von Laufenburg Baden einen auf einem Felsen thronenden **Bronzeadler.** Der Rhein liegt uns nun links zu Füßen, der Blick zurück ist grandios. Hinter der Schluchseewerk AG biegen wir links ein. Nach knapp 2 Kilometern stoßen wir auf das 5 **Naturschwimmbad Murg.** Wir fahren nach links um die Anlage herum und entdecken, dass man vor dem Schwimmbad, ohne hineinzugehen, nett sitzen und etwas trinken kann mit Blick auf den Rhein. Direkt dahinter liegt eine kleine Hütte, die **Herberge zum Fischbähren.** Tolle Idee für Radler, die auf längerer Tour sind! Die Übernachtung direkt am Rhein ist günstig, die Hütte ist geeignet für zwei Personen, Frei-

Restaurant Athen

Säckinger Rheinbücke

badeintritt ist inklusive! Rechter Hand sehen wir einen sogenannten Naturzeltplatz. Während die Angler nach Fischen Ausschau halten, angeln wir uns Ruhe und Gelassenheit auf diesem Weg.

An Kleingärten vorbei radeln wir auf Bad Säckingen zu. Zunächst passieren wir **Obersäckingen,** das wir rechts liegen lassen. Dann erreichen wir **Bad Säckingen** und folgen dem Fahrradschild links in eine Fahrradstraße, noch 21 Kilometer bis Rheinfelden. Und wieder erfreuen wir uns an einem grandiosen Ausblick auf den Rhein, in der Ferne fällt unser **Blick** auf eine Holzbrücke, die ❻ **Bad Säckinger Rheinbrücke.**

*Die **Bad Säckinger Rheinbrücke** wurde bereits im 13. Jahrhundert urkundlich erwähnt. Mit 200 Metern ist sie die längste gedeckte Holzbrücke Europas. Im Mittelalter wurde sie oftmals durch Hochwasser zerstört, daraufhin setzte man sie auf steinerne Pfeiler.*

Am ❼ **Gallusturm,** der 1343 unter anderem als Schutzwall gegen Rheinhochwasser erbaut worden war, fahren wir auf den Pflastersteinweg mit dem Hinweisschild „Lieferverkehr und Fahrrad frei“. Übrigens ist der Gallusturm heute Zunftlokal und Veranstaltungsort der traditionsreichen Säckinger Narrenzunft und somit unumstrittenes „Bollwerk gegen Trübsal“, wie es auf einer Inschrift heißt. Anschließend biegen wir die Nächste rechts ein in die Fischergasse und rollen durch das sehr schöne **Bad Säckingen.** Wir verweilen noch ein wenig und frönen in der ❽ **Pizzeria Fridolin** dem leiblichen Wohl.

Gallusturm

Joseph Victor von Scheffel *(1826–1886) schrieb das Versepos „Der Trompeter von Säckingen", das einst zu den meistgelesenen Büchern Deutschlands gehörte. Es ist die Liebesgeschichte zwischen einem Bürgersohn und einer Adligen.*

Nach dem Essen folgen wir der Radbeschilderung durch Bad Säckingen. Gleich lesen wir auf dem Radschild, dass es nach Rheinfelden noch 20 Kilometer sind. Bei der guten Ausschilderung kann man sich gar nicht verfahren. Wir werden nach links in die Austraße geleitet und umfahren so den Park von Schloss Schönau, in dem unter anderem der Trompeterbrunnen steht, der an **Joseph Victor von Scheffel** erinnert.

Hinter dem Park folgen wir der Ausschilderung nach links, fahren wieder zum Rhein und schauen uns linker Hand die Bad Säckinger Rheinbrücke erneut an, bevor unser Weg rechts weitergeht. Wir radeln jetzt auf Schotter wieder am Rhein entlang, der links von uns grünblau in der Sonne glitzert. Glücklicherweise fahren wir die meiste Zeit im Schatten. Als Nächstes erreichen wir **Wallbach.** „Bach", dabei liegt der Ort am Fluss … Und auf diesem wird gepaddelt und gerudert, Stand-up-Paddler haben ihre Freude. Auch hier im Ort folgen wir der Beschilderung und gelangen nach **Brennet-Öflingen.** Ungefähr das würde der Badener jetzt auch zur Sonne sagen: „Brenn net so arg!" Die Mündung der Wehra überqueren wir über eine schnucklige Brücke nach rechts und erreichen bald **Schwörstadt.** Und wir können schwören, bis hierhin ist die Tour fantastisch gewesen! Im Ort weist uns das Radschild an einer Kreuzung nach

Schloss Beuggen

links. Unterwegs kommen wir an einem Energiewerk vorbei; wer will, kann an Tafeln sein Energiewissen testen. An einer Unterführung rechts unter der Bahnlinie hinweg nach Rheinfelden ist Schwung holen angesagt, dann schafft man die kommende Steigung ohne Schieben. Im Verlauf überqueren wir die B 34 und folgen weiter dem Radschild. Jetzt erreichen wir **Karsau.** Aus dem Ort heraus erhaschen wir wieder Blicke auf den Rhein. An einer Ampel vor dem Bahnhof Beuggen überqueren wir die Straße, dann geht es steil bergab und wir unterqueren erneut die Bahn. Wir rollen auf **9 Schloss Beuggen** zu und radeln durch den Schlosshof.

Am Ende kommen wir noch am Ausstellungspavillon „Kraftwerk 1898" vorbei. Wir selbst brauchen nicht viel Energie für die letzten Meter, da es mit leichtem Gefälle nach Rheinfelden geht. Verlockend sind die Möglichkeiten, an den Rhein hinabzugehen und seine Füße ins Wasser zu halten. Über eine Brücke steil bergauf gelangen wir an eine schöne Aussichtsbank mit Blick auf Rheinfelden in der Schweiz. Wir kommen an eine T-Kreuzung und fahren rechts aufwärts zur B 34, an der wir links abbiegen und den Bahnhof **Rheinfelden,** unser Ziel für heute, vor uns sehen.

***Schloss Beuggen** ist ein ehemaliges Wasserschloss. Es ist ein historisches Kleinod mit besonderer Atmosphäre. Während der Befreiungskriege gegen Napoleon wurde es als Lazarett genutzt. Auch Kaspar Hauser soll hier 1,5 Jahre gelebt haben.*

DEUTSCHLAND
SCHWEIZ
Waldshut
Albbruck
Schwaderloch
Klingnauer Stausee
Rhein
Laufenburg (Baden)
Laufenburg
Murg
Bad Säckingen
Öflingen
Schwörstadt
Wehr
Schopfheim
Rheinfelden (Baden)
Rheinfelden
Riburg
Frick
Brugg
Talstrasse
Maispracherbach
L 154
L 151
L 152
L 155
K 6353
K 497
K 296
500
34
518
98
861
A 3
A 22

ALLES AUF EINEN BLICK

Entspannung
Abenteuer
Vielfalt

WIE & WANN

Vorwiegend asphaltierte Radwege, kurze Abschnitte auf Autostraßen; Frühling bis Herbst.

HIN & WEG

Auto: Parkplatz am Bahnhof Rheinfelden, Bahnhofplatz, 79618 Rheinfelden (Baden) oder Parkplätze Robert-Gerwig-Straße 9, 79761 Waldshut
ÖPNV: Bahnhof Waldshut, am Ziel: Bahnhof Rheinfelden

ESSEN & ENTSPANNEN

2 **Hoflädele,** Rheinstraße 3, 79804 Dogern
4 **Restaurant Athen,** Bahnhofstraße 4, 79725 Laufenburg, Tel. (0 77 63) 73 25, www.athen-laufenburg.de
8 **Pizzeria Fridolin,** Rheinbrückstraße 28, 79713 Bad Säckingen, Tel. (0 77 61) 9 26 69 00, www.pizzeria-fridolin.de

ENTDECKEN & ERLEBEN

1 **Waldshuter Altstadt**
3 **Fahrradhotel Zollhaus,** Schwaderlocherweg 2, 79774 Albbruck, Tel. (0 77 53) 16 77
5 **Naturschwimmbad Murg**
6 **Blick auf die Bad Säckinger Rheinbrücke**
7 **Gallusturm**
9 **Schloss Beuggen**

Mein Dank gilt meinem Mann Guido Hakenes,
der die Touren kreativ zusammenstellte und darauf
achtete, dass sie nicht zu viele Höhenmeter enthalten.
Meine Anerkennung gilt zudem Herrn Dr. Storm,
der im Lektorat jeden Zentimeter Wegstrecke prüfte.

Die GPS-Daten zu jeder Tour gibt es auf
www.droste-verlag.de

Konzeption/Satz: Droste Verlag, Düsseldorf
Einbandgestaltung: Britta Rungwerth, Düsseldorf, unter Verwendung von Bildern von © Fotolia.com: Andrey Kuzmin, undrey, dabost, niroworld; © Shutterstock.com: Umomos
Fotos: Birgit Jennerjahn-Hakenes, außer: stock.adobe.com: S. 36 unten (Eberhard), S. 169 (Robert Schneider), S. 173 unten (Mila Kusmenko)
Textlektorat: Dr. Carsten Storm, Dresden
Karten: Angelika Solibieda, Karlsruhe
Druck und Bindung: LUC GmbH, Greven

MIX
Papier | Fördert gute Waldnutzung
FSC® C011279
www.fsc.org

ISBN 978-3-7700-2548-0
www.droste-verlag.de